CD付

# バッチリ話せる スペイン語

すぐに使えるシーン別会話基本表現

新田恵子 監修

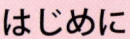

## 「覚えたい！」「使ってみたい！」スペイン語の表現がバッチリ話せる！使いこなせる！

　スペイン語の「覚えたい表現」と「使ってみたい表現」を効率的でムダなくマスターできるように，次のような《5つのバッチリ》で構成しました。

❶ バッチリ！自然なスペイン語の発音とリズムを身につける！
　PART1で発音についての基本を解説。本書付属のCDを繰り返し聞き，声を出して発音練習し，自然なスペイン語の発音とリズムを身につけましょう。

❷ バッチリ！リスニング力をつける！
　付属のCDを繰り返し聞いてください。とにかく聞きまくることでリスニング力が自然と身につきます。

❸ バッチリ！スペイン語ってどんな言葉かスッキリわかる！
　PART1でスペイン語の基本の文法を解説。最初は基本の基本だけを頭に入れるだけにし，話すレッスンの中で文法事項は再チェックするのが効率的です。

❹ バッチリ！日常コミュニケーションが集中マスターできる！
　日常生活で使われる頻度の高い表現を中心に構成。表現はできるだけ簡単で，応用の効くものが中心です。

❺ バッチリ！スペイン旅行の必須表現を頭出しパターンでマスター！
　場面別スペイン旅行会話では，頭出しパターンに色をつけて覚えやすくしていますから，効率的に話す力がつきます。また，会話の状況が目に浮かぶように，対話形式の構成にも重点をおいています。

　本書で「これでスペイン語はバッチリ決まった！」と実感してください。

# CONTENTS

## PART 1 ●すぐに使える！
## スペイン語の基本《発音・文法・基本単語》

■スペイン語の発音 ……………………………………………… 10
　■発音　■注意すべきつづりと発音　■二重子音　■アクセント

■スペイン語の基本文法 ………………………………………… 18
　■名詞　■冠詞　■前置詞　■形容詞　■人称代名詞
　■指示語　■動詞　■再帰動詞　■動詞 gustar
　■完了形と過去分詞　■スペイン語の語順と否定文・疑問文

日常生活の基本単語 ……………………………………………… 30

## PART 2 ●すぐに話せる！
## スペイン語の頭出しパターン15

1.「私は〜です」Soy ~. ………………………………………… 40
2.「あなたは〜ですか」／「きみは〜ですか」
　　　　　¿Es usted ~? / ¿Eres ~? ………………………… 41
3.「〜をお願いします」~ por favor. …………………………… 42
4.「〜がほしいのですが」Quiero + ほしい物 . ……………… 43
5.「〜したいのですが」Quiero + 動詞の原形 . ……………… 44
6.「〜はありますか」¿Hay + ~? ……………………………… 45
7.「〜してもいいですか」¿Puedo + 動詞の原形 ? …………… 46
8.「〜していただけますか」¿Puede + 動詞の原形 ? ………… 47
9.「私は〜したところです」/「したことがあります」
　　　　　He + 過去分詞 . ……………………………………… 48
10.「どのように」¿Cómo ~? …………………………………… 49

# CONTENTS

11. 「〜はどこですか」 ¿Dónde ~? ............ 50
12. 「いつですか」 ¿Cuándo ~? ............ 51
13. 「どれだけ」「いくつ」 ¿Cuánto ~? ............ 52
14. 「何」「どんな」 ¿Qué ~? ............ 53
15. 「どれ」「どちら」 ¿Cuál ~? ............ 54

## PART 3 ●すぐに話せる！
## よく使う基本・日常表現

1. 日常のあいさつ ............ 56
2. 日常のあいさつ ............ 58
3. 別れぎわの一言 ............ 60
4. 感謝する ............ 62
5. あやまる ............ 64
6. はい，いいえ ............ 66
7. 聞き返す ............ 68
8. 感情を伝える ............ 70
9. 出会い・友だちづくり〈単語…出会い・友だちづくりでよく使われる単語 75〉〈スペイン語圏の国々と国民 80〉〈世界の主な国と国民 81〉 ............ 72
10. スペイン・スペイン語 ............ 82
11. 趣味 ............ 84
12. 日本について語る ............ 86
13. 訪問する ............ 88
14. 天気 ............ 92

## PART 4 ●すぐに話せる！
## スペイン旅行重要フレーズ

# CONTENTS

- 15. 機内で 〈単語…機内で 99〉 ........... 96
- 16. 入国審査・税関 〈単語…入国審査・税関 103〉 ........... 100
- 17. 移動する 〈タクシー〉 ........... 104
- 18. 移動する 〈鉄道・バス・地下鉄〉〈単語…移動する 114〉 ........... 106
- 19. 宿泊する 〈チェックイン〉 ........... 116
- 20. 宿泊する 〈たずねる・確認する〉 ........... 118
- 21. 宿泊する 〈ルームサービス〉 ........... 120
- 22. 宿泊する 〈クレーム・トラブル〉 ........... 122
- 23. 宿泊する 〈チェックアウト〉〈単語…ホテル 126〉 ........... 124
- 24. 食べる 〈入店する〉 ........... 128
- 25. 食べる 〈飲み物を注文する〉 ........... 130
- 26. 食べる 〈食べ物を注文〉〈単語…料理関連の単語 134〉〈単語…食材 140〉 ........... 132
- 27. 食べる 〈支払い〉 ........... 142
- 28. バル／ファーストフード ........... 144
- 29. ショッピング 〈入店する〉 ........... 146
- 30. ショッピング 〈品物選び〉 ........... 148
- 31. ショッピング 〈支払い〉 ........... 152
- 32. 市場で ........... 154
- 33. 道をたずねる ........... 156
- 34. 観光案内所で ........... 160
- 35. 美術館・博物館 ........... 164
- 36. 写真を撮る ........... 166
- 37. 観劇・観戦 ........... 168
- 38. 両替する ........... 172
- 39. 郵便局で 〈単語…両替・郵便 177〉 ........... 174
- 40. 電話 ........... 178
- 41. トラブル 〈盗難・紛失〉〈単語…トラブル 185〉 ........... 182
- 42. 病気・診察・薬局 〈単語…病院・診察・薬局 191〉 ........... 186

## 本書の活用法

## 《5つのバッチリ》で
## スペイン語の「話す・聞く」を集中マスター

❶ バッチリ！発音と文法の基本がスッキリとマスター！
❷ バッチリ！聞き取りに慣れる！
❸ バッチリ！頭出しパターンを使って効率マスター！
❹ バッチリ！日常＆旅行の必須表現を速攻マスター！
❺ バッチリ！基本単語がテーマ別に覚えられる！

### ◆ PART 1
### すぐに使える！
### スペイン語の基本
《発音・文法・基本単語》

PART1では，最初に知っておきたいスペイン語の基本知識（発音・文法）についてわかりやすく説明しています。最初は，概要を知るだけで大丈夫です。いろいろなフレーズをマスターする中で再チェックする学習が効果的です。また，日常よく使う数字・時刻，曜日，月などの基本単語を紹介しています。

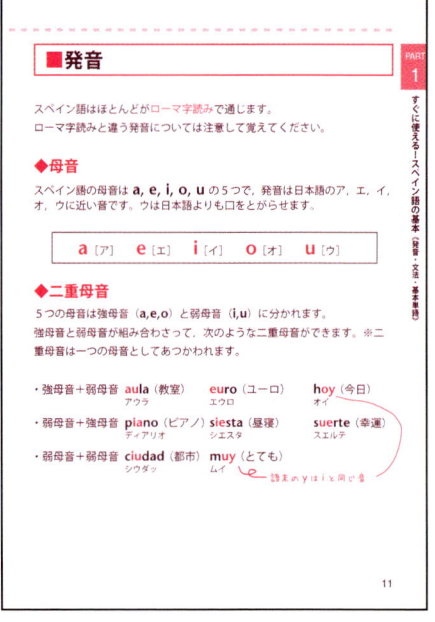

## ◆ PART 2
### すぐに話せる！
### 頭出しパターン 15

PART2 では,「〜がほしい」とか「〜したい」といった相手に伝えたい気持ちの頭出しパターンの一つひとつについて, その使い方を解説するとともに, 差し替え例文（スペイン旅行や日常会話場面でのフレーズ）でそのパターンの使い方になれることができるように工夫しています。この 15 の頭出しパターンを覚えるだけで, 話す力が飛躍的に伸びます。

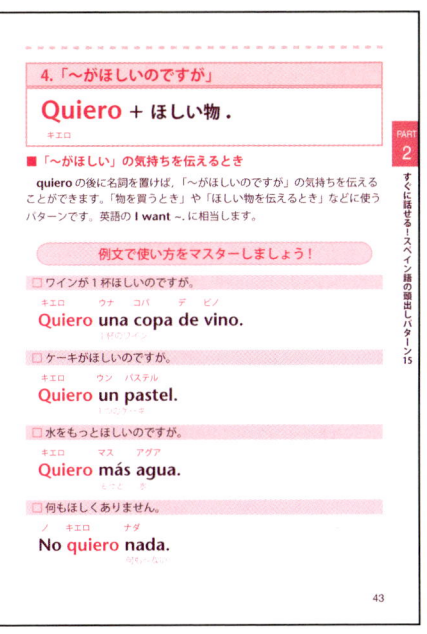

## ◆ PART 3
### すぐに話せる！
### よく使う基本・日常表現

PART3 では, あいさつや日常表現などをテーマ別に紹介しています。

基本表現と日常生活で使われる頻度の高いフレーズを中心に構成。

表現はできるだけシンプルで, 応用の効くものが中心です。表現に関するポイントをメモ式または注としてアドバイスしています。また, 基本パターンのフレーズには, 色をつけて覚えやすくしています。

7

# PART 4
## すぐに話せる！スペイン旅行重要フレーズ

PART4では，スペイン旅行で役立つフレーズを場面別に豊富に紹介しています。

さらに，必要に応じて表現に関するポイントをメモ式または注としてアドバスし，ムダのない学習ができるように工夫しています。

最初は使ってみたいフレーズを優先的に覚えましょう。それがスペイン語会話学習が長続きするコツです。

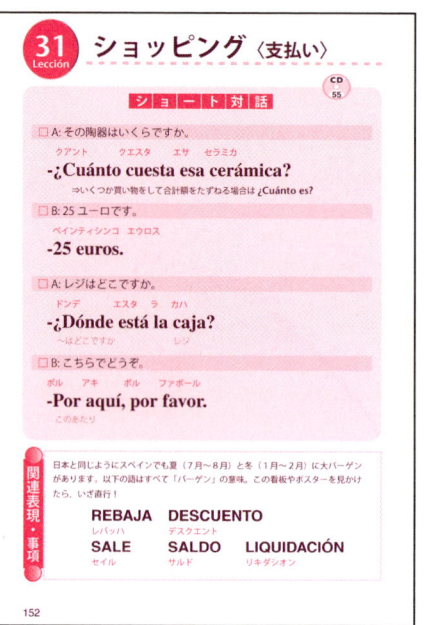

---

### ◆本書の活用にあたって◆

◆本書付属のCDをくり返し聴いてマスターしましょう！

本書では，スペイン語の入門者の方のために読み方の補助としてカタカナルビをつけました。このルビはあくまでも発音のヒント（発音記号ではありませんから完璧な表記ではないことをお断りしておきます）ですから，付属のCDを繰り返し聴いてマスターしましょう。

そのとき，声を出して練習してください。それが上達の早道です。

また例文の下の訳は，日本語の語順との対応を理解するための補助としてご参照ください。

# PART 1

## すぐに使える！
## スペイン語の基本
### 〈発音・文法・基本単語〉

# スペイン語の発音

スペイン語の alfabeto［アルファベット］は 27 の文字からなっています。

◆ アルファベット

| | | | |
|---|---|---|---|
| A | ［ア］ | Q | ［ク］ |
| B | ［ベ］ | R | ［エレ］ |
| C | ［セ］ | S | ［エセ］ |
| D | ［デ］ | T | ［テ］ |
| E | ［エ］ | U | ［ウ］ |
| F | ［エフェ］ | V | ［ウベ］ |
| G | ［ヘ］ | W | ［ウベドブレ］ |
| H | ［アチェ］ | X | ［エキス］ |
| I | ［イ］ | Y | ［イグリエガ］ |
| J | ［ホタ］ | Z | ［セタ］ |
| K | ［カ］ | | |
| L | ［エレ］ | | |
| M | ［エメ］ | | |
| N | ［エネ］ | | |
| Ñ | ［エニェ］ | | |
| O | ［オ］ | | |
| P | ［ペ］ | | |

# ■発音

スペイン語はほとんどがローマ字読みで通じます。
ローマ字読みと違う発音については注意して覚えてください。

## ◆母音

スペイン語の母音は **a, e, i, o, u** の5つで，発音は日本語のア，エ，イ，オ，ウに近い音です。ウは日本語よりも口をとがらせます。

| **a** ［ア］ | **e** ［エ］ | **i** ［イ］ | **o** ［オ］ | **u** ［ウ］ |

## ◆二重母音

5つの母音は強母音（**a,e,o**）と弱母音（**i,u**）に分かれます。
強母音と弱母音が組み合わさって，次のような二重母音ができます。※二重母音は一つの母音としてあつかわれます。

- 強母音＋弱母音　**au**la（教室）　　**eu**ro（ユーロ）　　**ho**y（今日）
　　　　　　　　　アウラ　　　　　　エウロ　　　　　　オイ
- 弱母音＋強母音　p**ia**no（ピアノ）　s**ie**sta（昼寝）　s**ue**rte（幸運）
　　　　　　　　　ディアリオ　　　　シエスタ　　　　　スエルテ
- 弱母音＋弱母音　c**iu**dad（都市）　m**uy**（とても）
　　　　　　　　　シウダッ　　　　　ムイ

語末のyはiと同じ音

## ■注意すべきつづりと発音

**H** 発音しません。

**h**otel ホテル
オテル

**h**ija 娘
イッハ

a**h**ora 今
アオラ

**C** 組み合わせる母音によって音が変わります。

カ行 **c**asa 家
カサ

**c**oma コンマ
コマ

**c**una ゆりかご
クナ

（英語の th の発音）

サ行 **c**ebolla タマネギ
セボージャ

**c**iudad 都市
シウダッ

**CH** チャ行

**ch**ico 少年
チコ

mu**ch**o 多くの
ムーチョ

**ch**urro チューロ
チューロ

**D** ダ行（ただし語末の d はほとんど聞こえません）

universi**d**a**d** 大学
ウニベルシダッ

**G** 組み合わせる母音によって音が変わります。

ガ行 **g**afas メガネ
ガファス

**g**oma ゴム
ゴマ

**g**uapo 美男
グアポ

● **gue**, **gui** は［ゲ］［ギ］。

**gue**rra 戦争
ゲラ

**guí**a ガイド
ギア

● u の上に［¨］がつくと **güi**（グイ），**güe**（グエ）。

pin**güi**no ペンギン
ピングイーノ

ver**güe**nza 恥
ベルグェンサ

ハ行（のどの奥から強く息を出します）

**g**ente 人々
ヘンテ

**g**igante 巨人
ヒガンテ

**J** ハ行（のどの奥から強く息を出します）

**j**abón せっけん
ハボン

**j**efe ボス
ヘフェ

## LL
リャ行またはジャ行
**ll**ave 鍵
ジャベ
ca**ll**e 通り
カジェ
**ll**uvia 雨
ジュビア

## Ñ
ニャ行
so**ñ**ar 夢をみる
ソニャール
mu**ñ**eco 人形
ムニェーコ
ni**ñ**o こども
ニーニョ

## Q
カ行（que, qui の組み合わせだけ）
**q**ueso チーズ
ケソ
**q**uién 誰
キエン

## R, RR
ラ行（舌を素早く一回転させます）
ca**r**a 顔
カラ
a**r**ena 砂
アレーナ
to**r**o 雄牛
トロ

語頭の **r** は **rr** と同じで巻き舌。

**r**adio ラジオ
ラディオ
to**rr**e 塔
トレ

## X
母音の前では［クス］。
rela**x** リラックス
レラクス
e**x**amen 試験
エクサメン
ta**x**i タクシー
タクシ

子音の前では［ス］になりやすい。

e**x**tranjero 外国人
エストランヘロ
e**x**terior 外部の
エステリオール

※ 例外 Mé**x**ico メキシコ, me**x**icano メキシコ人, etc
メヒコ　　　　　　　　メヒカーノ

## Y
ジャ行またはヤ行
**y**a もう
ジャ
**y**o 私
ジョ
a**y**uda 援助
アジューダ

## Z
サ行で英語の th の発音。
pla**z**a 広場
プラサ
**z**oo 動物園
ソオ
a**z**úcar 砂糖
アスカル

## ■二重子音

二重子音には以下の12組があります。**r**や**l**の前に［ウ］の母音が入らないよう一気に発音しましょう。

| | | | | | |
|---|---|---|---|---|---|
| **pr** | **pr**ecio<br>プレシオ | 価格 | **pl** | **pl**uma<br>プルマ | ペン, 羽 |
| **br** | **br**oma<br>ブロマ | 冗談 | **bl** | **bl**anco<br>ブランコ | 白 |
| **fr** | **fr**uta<br>フルタ | 果物 | **fl** | **fl**or<br>フロール | 花 |
| **cr** | **cr**isis<br>クリシス | 危機 | **cl** | **cl**ase<br>クラセ | クラス |
| **gr** | **gr**iego<br>グリエゴ | ギリシア人 | **gl** | **gl**obo<br>グロボ | 球体 |
| **tr** | **tr**en<br>トレン | 列車 | | | |
| **dr** | pa**dr**e<br>パドレ | 父親 | | | |

## ■アクセント

　スペイン語独特の音の強弱を身につけましょう。スペイン語のアクセントの位置は，次の3つの規則に基づいて決まります。

（1）アクセント記号（´）の付いた単語は，その箇所にアクセントをおいて発音します。

　　　**ca-fé** コーヒー　　**es-ta-ción** 駅　　**ja-po-nés** 日本人（語）
　　　カ　フェ　　　　　　エス　タ　シオン　　　ハ　ポ　ネス

（2）母音または **n, s** で終わる場合は，後ろから2番目の音節にアクセントがきます。

　　　**te-nis** テニス　　**ca-sa** 家　　**lu-nes** 月曜日
　　　テ　ニス　　　　　　カ　サ　　　　ル　ネス

（3）**n** と **s** 以外の子音で終る場合は，最後の音節にアクセントがきます。

　　　**pa-pel** 紙　　**Por-tu-gal** ポルトガル　　**ho-tel** ホテル
　　　パ　ペル　　　　ポル　トゥ　ガル　　　　　　オ　テル

※ 音節とは，母音が単独で，あるいは前後の子音と組み合わさって作る音の単位です。二重母音や二重子音，また **ch, ll, rr** は一つの音として扱います。このページでは音節ごとに区切って単語を表記しました。

# スペイン語の基本文法

## ■名詞

### ◆「男性名詞」と「女性名詞」

スペイン語の名詞はすべて男性名詞と女性名詞に分けられます。男や女のように自然性のあるものは，それに従って分類されます。自然性のないものも文法上の性で分類されます。原則として **o で終わる名詞は男性名詞，a で終わる名詞は女性名詞**とされます。しかし例外がたくさんあるので，辞書で確認してください。

● 「男性名詞」

　　◇自然性が男性　　**padre**（父）　　**amigo**（男友だち）
　　　　　　　　　　　パドレ　　　　　　アミーゴ
　　◇ -o で終わる　　**libro**（本）　　**vino**（ワイン）
　　　　　　　　　　　リブロ　　　　　　ビノ

● 「女性名詞」

　　◇自然性が女性　　**madre**（母）　　**amiga**（女友だち）
　　　　　　　　　　　マドレ　　　　　　アミーガ
　　◇ -a, -dad, -ción, -sión で終わる
　　　　　　　　　　　**casa**（家）　　**ciudad**（都市）　　**lección**（課）
　　　　　　　　　　　カサ　　　　　　シウダッ　　　　　　レクシオン

代表的な例外

　　◇ -o で終わっても女性名詞　**mano**（手）　**foto**（写真）
　　　　　　　　　　　　　　　　マノ　　　　　　フォト
　　◇ -a で終わっても男性名詞　**día**（日）　**sofá**（ソファ）　**mapa**（地図）
　　　　　　　　　　　　　　　　ディア　　　　ソファ　　　　　　マパ

男女同形の名詞もあります。この場合には冠詞で男女を見分けます。
　　**estudiante**（学生）　　**budista**（仏教徒）　　**pianista**（ピアニスト）
　　エストゥディアンテ　　　　ブディスタ　　　　　　　ピアニスタ

## ◆「単数形」と「複数形」

スペイン語の名詞には単数形と複数形があります。

● 母音で終わる名詞には **s** をつけて複数形を作ります。

**libro** ⇒ **libros**（本）　　　**coche** ⇒ **coches**（自動車）
リブロ　　　リブロス　　　　　　コチェ　　　コチェス

● 子音で終わる名詞には **es** をつけて複数形を作ります。

**español** ⇒ **españoles**（スペイン人）
エスパニョール　エスパニョーレス

**reloj** ⇒ **relojes**（時計）　　**mes** ⇒ **meses**（月）
レロッホ　　レロッヘス　　　　　メス　　　メセス

**flor** ⇒ **flores**（花）　　　**rey** ⇒ **reyes**（王）
フロール　フローレス　　　　　　レイ　　　レイジェス

● **z** で終わる語は **z** ⇒ **c+es** で複数形を作ります。

**luz** ⇒ **luces**（光）　　　　**lápiz** ⇒ **lápices**（鉛筆）
ルス　　ルセス　　　　　　　　　ラピス　　ラピセス

ただし，複数形になっても形の変わらない名詞（単複同形）もあります。

**lunes** ⇒ **lunes**（月曜日）　**crisis** ⇒ **crisis**（危機）
ルネス　　ルネス　　　　　　　　クリシス　　クリシス

**paraguas** ⇒ **paraguas**（雨傘）
パラグアス　　　パラグアス

# ■冠詞

英語の **the** や **a**, **an** に相当し，名詞の前に置かれます。定冠詞と不定冠詞の2種類があり，両方とも名詞の性と数に応じて形が変化します。

## ◆ 定冠詞

話し手と聞き手の間で何を指しているのかが了解されている場合，その名詞につけられます。英語の **the** に相当します。

|        | 単数形 | 複数形 |
|--------|-------|-------|
| ①男性形 | **el** <br> エル | **los** <br> ロス |
| ②女性形 | **la** <br> ラ | **las** <br> ラス |

《例》 **el libro**（その本）   **los libros**（それらの本）
エル リブロ   ロス リブロス

**la casa**（その家）   **las casas**（それらの家）
ラ カサ   ラス カサス

## ◆ 不定冠詞

はじめて話題になった名詞につけられます。不定冠詞の単数形は「一つの」を意味する場合があります。同様に複数形が「いくつかの」を意味する場合もあります。

|  | 単数形 | 複数形 |
| --- | --- | --- |
| ①男性形 | **un**<br>ウン | **unos**<br>ウノス |
| ②女性形 | **una**<br>ウナ | **unas**<br>ウナス |

《例》 ① **un libro** （ある本／1冊の本）　　**unos libros**（何冊かの本）
　　　　ウン　リブロ　　　　　　　　　　　　ウノス　リブロス

　　　② **una manta** （ある毛布／1枚の毛布）　**unas mantas**（数枚の毛布）
　　　　ウナ　マンタ　　　　　　　　　　　　　ウナス　マンタス

## ■前置詞

- ▶ **a** [ア]　　　　「…へ」（a + el = al）
- ▶ **de** [デ]　　　「…の」,「…から」（de + el = del）
- ▶ **en** [エン]　　「…の中に」,「…の上に」
- ▶ **con** [コン]　　「…と一緒に」
- ▶ **para** [パラ]　「…のために」
- ▶ **por** [ポル]　　「…によって」
- ▶ **desde** [デズデ]「…から」
- ▶ **hasta** [アスタ]「…まで」
- ▶ **entre** [エントレ]「…の間に」

## ■形容詞

形容詞は通常，名詞の色や形，性質を説明します。このような形容詞は名詞のうしろに置かれます

**gato negro**（黒い猫）
ガト　ネグロ

**gato grande**（大きな猫）
ガト　グランデ

形容詞は，それが説明する名詞に応じて語尾が変化します。
語尾が **o** で終わる形容詞は，性数変化します。

**gato pequeño**　**gata pequeña**　（小さい猫）
ガト　ペケーニョ　　ガタ　ペケーニャ

**gatos pequeños**　**gatas pequeñas**
ガトス　ペケーニョス　　ガタス　ペケーニャス

語尾が **o** 以外の母音，または子音で終わる形容詞は，数変化だけです。

**chico amable**　**chica amable**（親切な男の子［女の子］）
チコ　アマーブレ　　チカ　アマーブレ

**chicos amables**　**chicas amables**
チコス　アマーブレス　　チカス　アマーブレス

**chico joven**　**chica joven**　（若い男［女］）
チコ　ホベン　　チカ　ホベン

**chicos jóvenes**　**chicas jóvenes**
チコス　ホベネス　　チカス　ホベネス

ただし，子音で終わっても性変化する場合があるので，注意が必要。

**chico encantador**　**chica encantadora**（すてきな男［女］）
チコ　エンカンタドール　　チカ　エンカンタドーラ

**chico español**　**chica española**（スペイン人男［女］）
チコ　エスパニョール　　チカ　エスパニョーラ

形容詞が名詞の前に置かれる場合もあり，特別な意味になることがあります。

**casa nueva**（新しい家）　　**nueva casa**（今度の家）
カサ　ヌエバ　　　　　　　　ヌエバ　カサ

**niño pobre**（貧乏な男の子）　**pobre niño**（かわいそうな男の子）
ニーニョ ポブレ　　　　　　　ポブレ　ニーニョ

## ◆所有形容詞

「私の」「あなたの」「彼の」など所有をあらわす形容詞を所有形容詞と言い，短縮形は名詞の前に置かれて，その名詞に応じて語尾変化します。

| 私の | 私たちの | 君の | 君たちの | 彼（ら）の 彼女（たち）の あなた（がた）の | 所有される人やモノの例 |
|---|---|---|---|---|---|
| **mi** ミ | **nuestro** ヌエストロ | **tu** トゥ | **vuestro** ブエストロ | **su** ス | **padre** 父 パドレ |
| **mi** ミ | **nuestra** ヌエストラ | **tu** トゥ | **vuestra** ブエストラ | **su** ス | **madre** 母 マドレ |
| **mis** ミス | **nuestros** ヌエストロス | **tus** トゥス | **vuestros** ブエストロス | **sus** スス | **hijos** 息子 イッホス |
| **mis** ミス | **nuestras** ヌエストラス | **tus** トゥス | **vuestras** ブエストラス | **sus** スス | **hijas** 娘 イッハス |

※ 所有者の性数ではなく，所有される人・モノの性数に応じて変化することに注意。
※ 名詞の後に置かれたり，単独で用いられたりする完全形という形もあります。

# ■人称代名詞

## ◆主語になる人称代名詞

|  | 単数形 |  | 複数形 |  |
|---|---|---|---|---|
| 1人称 | **yo**<br>ジョ | 私は | **nosotros**<br>ノソトロス | 私たちは（男性） |
|  |  |  | **nosotras**<br>ノソトラス | 私たちは（女性） |
| 2人称 | **tú**<br>トゥ | 君は | **vosotros**<br>ボソトロス | 君たちは（男性） |
|  |  |  | **vosotras**<br>ボソトラス | 君たちは（女性） |
| 3人称 | **él**<br>エル | 彼は | **ellos**<br>エジョス | 彼らは |
|  | **ella**<br>エジャ | 彼女は | **ellas**<br>エジャス | 彼女たちは |
|  | **usted**<br>ウステッ | あなたは | **ustedes**<br>ウステデス | あなたたちは |

※tú は家族や親しい友人同士で，usted は目上の人や距離感を保ちたい人に対して用いられます。

## ◆目的語になる人称代名詞

「○○に」や「○○を」に相当する語を目的語と言います。目的語には直接目的語と間接目的語があります。

コンプロ　　ウナ　ロサ　ア　マリーア
**Compro una rosa a María.**
私は買う　　バラを1本　マリアに

直接目的語「〜を」に相当　　間接目的語「〜に」に相当

目的語は次の表のように人称代名詞で受けることができます。

|  | 間接目的格<br>（〜に） |  | 直接目的格<br>（〜を） |  |
|---|---|---|---|---|
| 1人称 | メ<br>**me**<br>私に | ノス<br>**nos**<br>私たちに | メ<br>**me**<br>私を | ノス<br>**nos**<br>私たちを |
| 2人称 | テ<br>**te**<br>君に | オス<br>**os**<br>君たちに | テ<br>**te**<br>君を | オス<br>**os**<br>君たちを |
| 3人称 | レ<br>**le**<br>彼に・彼女に・<br>あなたに | レス<br>**les**<br>彼らに・彼女たちに・<br>あなた方に | ロ（レ）<br>**lo(le)**<br>彼を・あなたを・<br>それ（男性）を<br><br>ラ<br>**la**<br>彼女を・あなたを・<br>それ（女性）を | ロス（レス）<br>**los(les)**<br>彼らを・あなた方を・<br>それら（男性）を<br><br>ラス<br>**las**<br>彼女らを・あなた方を・<br>それら（女性）を |

目的格の人称代名詞は動詞の前に置かれます。

コンプラス　エル リブロ　　シィ ロ コンプロ　　直接目的格人称代名詞
**¿Compras el libro?　　Sí, lo compro.**
その本を買うのかい。　　　　ああ、買うよ。

間接目的格　　フアン　メ　レガラ　　ウン リブロ
人称代名詞　　**Juan me regala un libro.**
　　　　　　　フアンは私に本を1冊プレゼントしてくれる。

間接目的語と直接目的語が両方とも人称代名詞の場合，語順は「間接＋直接」になります。

メ　レガラ　　ウン リブロ　　　　　メ　ロ　レガラ
**Me regala un libro.**　⇒　**Me lo regala.**
私に本を1冊プレゼントしてくれる。

23

# ■指示語

## ◆指示形容詞

「この」「その」「あの」を指示形容詞と言い，名詞の前に置かれて，後ろに来る名詞の性と数に応じて語尾変化します。

|  |  | この | その | あの | うしろに置かれる名詞の例 |
|---|---|---|---|---|---|
| 単数 | 男性 | este エステ | ese エセ | aquel アケル | gato 雄ネコ ガト |
| 単数 | 女性 | esta エスタ | esa エサ | aquella アケージャ | gata 雌ネコ ガタ |
| 複数 | 男性 | estos エストス | esos エソス | aquellos アケージョス | gatos 雄ネコ ガトス |
| 複数 | 女性 | estas エスタス | esas エサス | aquellas アケージャス | gatas 雌ネコ ガタス |

## ◆指示代名詞

「これ」「それ」「あれ」を指示代名詞と言い，指示形容詞にアクセント記号をつけて表します。また性数変化しない中性の指示代名詞もあります。

|  |  | これ | それ | あれ |
|---|---|---|---|---|
| 単数 | 男性 | éste エステ |ése エセ | aquél アケル |
| 単数 | 女性 | ésta エスタ | ésa エサ | aquélla アケージャ |
| 中性 |  | esto エスト | eso エソ | aquello アケージョ |
| 複数 | 男性 | éstos エストス | ésos エソス | aquéllos アケージョス |
| 複数 | 女性 | éstas エスタス | ésas エサス | aquéllas アケージャス |

# ■動詞

スペイン語の動詞には，規則活用するものと不規則活用するものがあります。規則活用するものは，原形の形によって次の3つに分けられます。

| 原形 | | 単数 | | | 複数 | | |
|---|---|---|---|---|---|---|---|
| | | 1人称 | 2人称 | 3人称 | 1人称 | 2人称 | 3人称 |
| -ar 動詞 | 話す hablar アブラール | hablo アブロ | hablas アブラス | habla アブラ | hablamos アブラモス | habláis アブライス | hablan アブラン |
| -er 動詞 | 食べる comer コメール | como コモ | comes コメス | come コメ | comemos コメモス | coméis コメイス | comen コメン |
| -ir 動詞 | 住む vivir ビビール | vivo ビボ | vives ビベス | vive ビベ | vivimos ビビモス | vivís ビビス | viven ビベン |

## ◆ 不規則活用する動詞の活用例

| 原形 | 単数 | | | 複数 | | |
|---|---|---|---|---|---|---|
| | 1人称 | 2人称 | 3人称 | 1人称 | 2人称 | 3人称 |
| 〜です ser セール | soy ソイ | eres エレス | es エス | somos ソモス | sois ソイス | son ソン |
| 〜です estar エスタール | estoy エストイ | estás エスタス | está エスタ | estamos エスタモス | estáis エスタイス | están エスタン |
| 行く ir イール | voy ボイ | vas バス | va バ | vamos バモス | vais バイス | van バン |

| ~できる<br>**poder**<br>ポデール | **puedo**<br>プエド | **puedes**<br>プエデス | **puede**<br>プエデ | **podemos**<br>ポデモス | **podéis**<br>ポデイス | **pueden**<br>プエデン |
|---|---|---|---|---|---|---|
| ~を望む<br>**querer**<br>ケレール | **quiero**<br>キエロ | **quieres**<br>キエレス | **quiere**<br>キエレ | **queremos**<br>ケレモス | **queréis**<br>ケレイス | **quieren**<br>キエレン |
| 持つ<br>**tener**<br>テネール | **tengo**<br>テンゴ | **tienes**<br>ティエネス | **tiene**<br>ティエネ | **tenemos**<br>テネモス | **tenéis**<br>テネイス | **tienen**<br>ティエネン |

## ■再帰動詞

「自分自身」を表す代名詞を再帰代名詞と言い，その再帰代名詞を伴って「自分自身を~する」という意味を表す動詞を再帰動詞と言います。再帰代名詞には次の形があります。

|  | 1人称 | 2人称 | 3人称 |
|---|---|---|---|
| 単数 | **me**<br>メ | **te**<br>テ | **se**<br>セ |
| 複数 | **nos**<br>ノス | **os**<br>オス | **se**<br>セ |

再帰動詞の活用例　　**llamarse**（自分自身を~と呼ぶ → ~という名前です）
ジャマールセ

| 単数 ||| 複数 |||
|---|---|---|---|---|---|
| 1人称 | 2人称 | 3人称 | 1人称 | 2人称 | 3人称 |
| **me llamo**<br>メジャモ | **te llamas**<br>テジャマス | **se llama**<br>セジャマ | **nos llamamos**<br>ノスジャマモス | **os llamáis**<br>オスジャマイス | **se llaman**<br>セジャマン |

¿Cómo te llamas? きみは何と言う名前ですか。
コモ　テ　ジャマス
Me llamo Taro. 太郎という名前です。
メ　ジャモ　タロ
Me levanto a las seis. 私は6時に起きます。
メ　レバント　ア ラス セイス

原形は levantarse［レバンタールセ］
私自身を起こす→起きる

## ■動詞 gustar

「～が好きです」とスペイン語で表現するとき，動詞 **gustar** を使います。**gustar** を使ったフレーズには，意味上の主語と文法上の主語があるので注意が必要です。意味上の主語。間接目的格人称代名詞を使います。

Me gusta el chocolate. 私はチョコレートが好きです。
メ　グスタ　エル チョコラーテ　　文法上の主語
Te gusta el chocolate. きみはチョコレートが好きです。
テ　グスタ　エル チョコラーテ
Me gustan los bombones. 私はボンボンが好きです。
メ　グスタン　ロス ボンボーネス
Te gustan los bombones. きみはボンボンが好きです。
テ　グスタン　ロス ボンボーネス

文法上の主語が複数になると動詞も複数形に

**gustar** と同じ用法の動詞に，**doler**（痛む）があります。

Me duele la cabeza. 私は頭が痛い。
メ　ドゥエレ ラ カベサ
Me duelen las muelas. 私は奥歯（複数）が痛い。
メ　ドゥエレン ラス ムエラス

# ■完了形と過去分詞

完了形は **haber** ＋過去分詞で表されます。**haber** は「〜を持つ」という意味ですが, 完了形では助動詞的に使われ, それ自体の意味はなくなります。

## haber の活用形

| 単数 ||| 複数 |||
| :---: | :---: | :---: | :---: | :---: | :---: |
| 1人称 | 2人称 | 3人称 | 1人称 | 2人称 | 3人称 |
| **he**<br>エ | **has**<br>アス | **ha**<br>ア | **hemos**<br>エモス | **habéis**<br>アベイス | **han**<br>アン |

過去分詞は動詞の活用しない部分（語幹）を基に, 以下のように作ります。

|  | 作り方 | 原形 | → | 過去分詞 |
| :---: | :---: | :---: | :---: | :---: |
| -ar 動詞 | 語幹＋**ado** | **hablar**<br>アブラール | | **hablado**<br>アブラード |
| -er 動詞<br>-ir 動詞 | 語幹＋**ido** | **comer**<br>コメール<br>**vivir**<br>ビビール | | **comido**<br>コミード<br>**vivido**<br>ビビード |

※ 不規則な過去分詞もあるので注意。

# ■スペイン語の語順と否定文・疑問文

## ◆語順

スペイン語の語順は［主語＋述語部分］となります。
しかし動詞の活用形によって主語がわかるので，主語が省略されることが多いです。
否定文は動詞の前に **no** を入れます。

（ジョ）ソイ ハポネサ
**(Yo) soy japonesa.**
私は日本人女性です。

（ジョ）ノ ソイ ハポネサ
**(Yo) no soy japonesa.**
私は日本人女性ではありません。

疑問文の語順は，原則として［動詞＋主語＋残りの述語部分］ですが，主語が省略されると，肯定文と同じように見えます。ただし，最初と最後を¿?でくくります。

エレス ハポネス
**¿Eres japonés?**
きみは日本人？

ノー ノ ソイ ハポネス　ソイ コレアーノ
**No, no soy japonés. Soy coreano.**
いや，日本人じゃないよ。韓国人です

## ◆主な疑問詞

**qué** 何？
ケ

**cuándo** いつ？
クアンド

**dónde** どこ？
ドンデ

**quién** 誰？
キエン

**cuál** どれ？
クアル

**cómo** どのよう？
コモ

**cuánto** どのくらい？
クアント

**por qué** どうして？
ポルケ

29

# 【日常生活の基本単語】

## ■ 基数

| | | | |
|---|---|---|---|
| 1 | **uno (un)\* / una** ウノ ウナ | 14 | **catorce** カトルセ |
| 2 | **dos** ドス | 15 | **quince** キンセ |
| 3 | **tres** トレス | 16 | **dieciséis** ディエシセイス |
| 4 | **cuatro** クアトロ | 17 | **diecisiete** ディエシシエテ |
| 5 | **cinco** シンコ | 18 | **dieciocho** ディエシオチョ |
| 6 | **seis** セイス | 19 | **diecinueve** ディエシヌエベ |
| 7 | **siete** シエテ | 20 | **veinte** ベインテ |
| 8 | **ocho** オチョ | 21 | **veintiuno** ベインティウノ |
| 9 | **nueve** ヌエベ | 30 | **treinta** トレインタ |
| 10 | **diez** ディエス | 31 | **treinta y uno** トレインタ イ ウノ |
| 11 | **once** オンセ | 40 | **cuarenta** クアレンタ |
| 12 | **doce** ドセ | 50 | **cincuenta** シンクエンタ |
| | | 60 | **sesenta** セセンタ |
| 13 | **trece** トレセ | 70 | **setenta** セテンタ |

| | | |
|---|---|---|
| 80 | **ochenta** オチェンタ | |
| 90 | **noventa** ノベンタ | |
| 100 | **cien*** シエン | |
| 200 | **doscientos** ドスシエントス | |
| 300 | **trescientos** トレスシエントス | |
| 400 | **cuatrocientos** クアトロシエントス | |
| 500 | **quinientos** キニエントス | |
| 600 | **seiscientos** セイスシエントス | |
| 700 | **setecientos** セテシエントス | |
| 800 | **ochocientos** オチョシエントス | |
| 900 | **novecientos** ノベシエントス | |
| 1.000 | **mil** ミル | |
| 5.000 | **cinco mil** シンコ ミル | |
| 10.000 | **diez mil** ディエス ミル | |

*uno ＋男性名詞単数 → un
　　　　　　　　　　　　　ウン

un niño
ウン ニーニョ

*100台の数字は ciento
　　　　　　　　　シエント

ciento uno (101)
シエント ウノ

ciento diez (110)
シエント ディエス

■ 序数

| | | |
|---|---|---|
| 1番目の | **primero*** プリメーロ | |
| 2番目の | **segundo** セグンド | |
| 3番目の | **tercero*** テルセーロ | |
| 4番目の | **cuarto** クアルト | |
| 5番目の | **quinto** キント | |
| 6番目の | **sexto** セクスト | |
| 7番目の | **séptimo** セプティモ | |
| 8番目の | **octavo** オクターボ | |
| 9番目の | **noveno** ノベーノ | |

| | | |
|---|---|---|
| 10番目の | **décimo**<br>デシモ | |
| 11番目の | **undécimo**<br>ウンデシモ | |
| 12番目の | **duodécimo**<br>ドゥオデシモ | |
| 13番目の | **decimotercero**<br>デシモテルセーロ | |
| 14番目の | **decimocuarto**<br>デシモクアルト | |

序数は名詞の性に応じて語尾変化

**segundo hijo**　二男
セグンド　イッホ

**segunda página**　第2ページ
セグンダ　パヒナ

*primero, tercero ＋男性名詞単数
　→ **primer, tercer**

**primer ministro**　首相
プリメール ミニストロ

**tercer párrafo**　第3段落
テルセール パラフォ

■ 年・月

| | | |
|---|---|---|
| 1月 | **enero** (m)<br>エネーロ | |
| 2月 | **febrero** (m)<br>フェブレーロ | |
| 3月 | **marzo** (m)<br>マルソ | |
| 4月 | **abril** (m)<br>アブリル | |
| 5月 | **mayo** (m)<br>マジョ | |
| 6月 | **junio** (m)<br>フニオ | |
| 7月 | **julio** (m)<br>フリオ | |
| 8月 | **agosto** (m)<br>アゴスト | |
| 9月 | **septiembre** (m)<br>セプティエンブレ | |
| 10月 | **octubre** (m)<br>オクトゥブレ | |
| 11月 | **noviembre** (m)<br>ノビエンブレ | |
| 12月 | **diciembre** (m)<br>ディシエンブレ | |

| 今日 | hoy<br>オイ | 平日 | día laborable<br>ディア ラボラブレ |
|---|---|---|---|
| 昨日 | ayer<br>アジェール | 週末 | fin de semana<br>フィン デ セマーナ |
| 明日 | mañana<br>マニャーナ | 記念日 | aniversario<br>アニベルサリオ |
| 今週 | esta semana<br>エスタ セマーナ | 祝日 | día festivo<br>ディア フェスティボ |
| 先週 | la semana pasada<br>ラ セマーナ パサーダ | | |
| 来週 | la próxima semana<br>ラ プロクシマ セマーナ | | |

■ 曜日

| 月曜日 | lunes (m)<br>ルネス |
|---|---|
| 火曜日 | martes (m)<br>マルテス |
| 水曜日 | miércoles (m)<br>ミエルコレス |
| 木曜日 | jueves (m)<br>フエベス |
| 金曜日 | viernes (m)<br>ビエルネス |
| 土曜日 | sábado (m)<br>サバド |
| 日曜日 | domingo (m)<br>ドミンゴ |

| 今月 | este mes<br>エステ メス |
|---|---|
| 先月 | el mes pasado<br>エル メス パサード |
| 来月 | el mes próximo<br>エル メス プロクシモ |
| 今年 | este año<br>エステ アーニョ |
| 去年 | el año pasado<br>エル アーニョ パサード |
| 来年 | el próximo año<br>エル プロクシモ アーニョ |

PART 1 すぐに使える！スペイン語の基本《発音・文法・基本単語》

## ■時刻の表わし方

時刻は［ser＋定冠詞＋数字］で表します。
1時以外はすべて複数形。

エス ラ ウナ
**Es la una.**（1時です）

ソン ラス ドス
**Son las dos.**（2時です）

「〜分過ぎ」は［y＋数字］

ソン ラス ドス イ シンコ
**Son las dos y cinco.**（2時5分です）

「〜分前」は［menos＋数字］

ソン ラス ドス メノス シンコ
**Son las dos menos cinco.**（2時5分前です）

「30分」は **y media**

ソン ラス トレス イ メディア
**Son las tres y media.**（3時半です）

「15分」は **y cuarto**

ソン ラス トレス イ クアルト
**Son las tres y cuarto.**（3時15分です）

「ちょうど」は **en punto**

ソン ラス クアトロ エン プント
**Son las cuatro en punto.**（ちょうど4時です）

## ■ 季節

| | | |
|---|---|---|
| 春 | **primavera** (f) | プリマベーラ |
| 夏 | **verano** (m) | ベラーノ |
| 秋 | **otoño** (m) | オトーニョ |
| 冬 | **invierno** (m) | インビエルノ |

## ■ 方角・方向

| | | |
|---|---|---|
| 東 | **este** (m) | エステ |
| 西 | **oeste** (m) | オエステ |
| 南 | **sur** (m) | スール |
| 北 | **norte** (m) | ノルテ |
| 上 | **arriba** | アリーバ |
| 下 | **abajo** | アバッホ |
| 右側 | **a la derecha** | ア　ラ　デレーチャ |
| 左側 | **a la izquierda** | ア　ラ　イスキエルダ |

## ■ 家族

| | | |
|---|---|---|
| 祖父 | **abuelo** (m) | アブエロ |
| 祖母 | **abuela** (f) | アブエラ |
| 夫 | **esposo** (m) | エスポソ |
| 妻 | **esposa** (f) | エスポサ |
| 父 | **padre** (m) | パドレ |
| 母 | **madre** (f) | マドレ |
| 息子 | **hijo** (m) | イッホ |
| 娘 | **hija** (f) | イッハ |
| 両親 | **padres** (m, pl) | パドレス |
| 兄 | **hermano mayor** (m) | エルマーノ　マジョール |
| 弟 | **hermano menor** (m) | エルマーノ　メノール |
| 姉 | **hermana mayor** (f) | エルマーナ　マジョール |
| 妹 | **hermana menor** (f) | エルマーナ　メノール |

| | | | |
|---|---|---|---|
| 兄弟 | **hermanos** (m, pl)  エルマーノス | | ■ 体の部位 |
| 姉妹 | **hermanas** (f, pl)  エルマーナス | 頭 | **cabeza** (f)  カベサ |
| いとこ（男） | **primo** (m)  プリーモ | 髪 | **cabello/pelo** (m)  カベージョ　ペロ |
| （女） | **prima** (f)  プリーマ | 顔 | **cara** (f)  カラ |
| 義理の父 | **suegro** (m)  スエグロ | 額 | **frente** (f) ←注意!  フレンテ |
| 義理の母 | **suegra** (f)  スエグラ | 唇 | **labios** (m, pl)  ラビオス |
| おじ | **tío** (m)  ティオ | 舌 | **lengua** (f)  レングァ |
| おば | **tía** (f)  ティア | 首 | **cuello** (m)  クエージョ |
| おい | **sobrino** (m)  ソブリーノ | 肩 | **hombro** (m)  オンブロ |
| めい | **sobrina** (f)  ソブリーナ | 腕 | **brazo** (m)  ブラソ |
| 孫（男） | **nieto** (m)  ニエト | 手 | **mano** (f) ←注意!  マノ |
| （女） | **nieta** (f)  ニエタ | 指 | **dedo** (m)  デド |
| 娘婿 | **yerno** (m)  ジェルノ | つめ | **uña** (f)  ウニャ |
| 息子の妻 | **nuera** (f)  ヌエラ | まゆ毛 | **ceja** (f)  セッハ |
| | | 目 | **ojo** (m)  オッホ |

| | | | |
|---|---|---|---|
| 鼻 | **nariz** (f) ←注意! | | |
| | ナリース | | |
| 耳 | **oreja** (f) | | |
| | オレッハ | | |
| 口 | **boca** (f) | | |
| | ボカ | | |
| 胸部 | **tórax** (m) | | |
| | トラックス | | |
| 背中 | **espalda** (f) | | |
| | エスパルダ | | |
| 腹 | **vientre** (m) | | |
| | ビエントレ | | |
| | **barriga** (f) | | |
| | バリーガ | | |
| 腰 | **cadera** (f) | | |
| | カデラ | | |
| 脚 | **pierna** (f) | | |
| | ピエルナ | | |
| 足 | **pie** (m) | | |
| | ピエ | | |

## ■ 色

| | | |
|---|---|---|
| 赤い | **rojo(-ja)** | ロッホ　ハ |
| 青い | **azul** | アスール |
| 黄色い | **amarillo(-lla)** | アマリージョ　ジャ |
| 白い | **blanco(-ca)** | ブランコ　カ |
| 黒い | **negro(-ra)** | ネグロ　ラ |
| 緑の | **verde** | ベルデ |
| ピンクの | **rosa** | ロサ |
| オレンジの | **naranja** | ナランハ |
| 紫の | **morado(-da)** | モラード　ダ |
| 灰色の | **gris** | グリース |
| 茶の | **marrón** | マロン |
| ベージュの | **beige/beis** | ベイス |
| 金の | **dorado(-da)** | ドラード　ダ |
| 銀の | **plateado(-da)** | プラテアード　ダ |

PART 1 すぐに使える！スペイン語の基本《発音・文法・基本単語》

## ■形

| 円 | **círculo** (m) |
| シルクロ |

三角形 **triángulo** (m)
トリアングロ

四角形 **cuadrado** (m)
クアドラード

五角形 **pentágono** (m)
ペンタゴノ

六角形 **hexágono** (m)
エクサゴノ

# PART 2

## すぐに話せる！スペイン語の頭出しパターン15

## 1.「私は〜です」

# Soy ~.
ソイ

■ 自己紹介するとき

　名前や職業，国籍の前に **soy** を置くだけで「私は〜です」と紹介することができます。まず **Soy ~.** のパターンを使って名前や職業がスラスラ言えるようにしましょう。主語は **yo**［ジョ］ですが，省かれています。

### 例文で使い方をマスターしましょう！

☐ ぼくは日本人です。

ソイ　　ハポネス
**Soy japonés.**　← 女性形は japonesa［ハポネサ］
　　日本人

☐ 私は学生です。

ソイ　　エストゥディアンテ
**Soy estudiante.**　← 男女同形
　　学生

☐ ぼくは会社員です。

ソイ　　エンプレアード
**Soy empleado.**　← 女性形は empleada［エンプレアーダ］
　　会社員

☐ 私はケイコです。

ソイ　　ケイコ
**Soy Keiko.**

## 2.「あなたは〜ですか」「きみは〜ですか」

# ¿Es usted ~? / ¿Eres ~?
　エス　　ウステ　　　　　　　　　エレス

### ■ 相手の名前や職業などを聞くとき

名前や職業，国籍の前に **Es usted** を置き，語尾を上昇調で言うと「あなたは〜ですか」と聞くことができます。

---

#### 例文で使い方をマスターしましょう！

☐ あなたは日本人ですか。

　エス　　ウステ　　ハポネス
**¿Es usted japonés?**　⇒親しい間柄では *¿Eres japonés?*
　　　　　　　　日本人

☐ あなたは学生ですか。

　エス　　ウステ　　エストゥディアンテ
**¿Es usted estudiante?**
　　　　　　　　学生

☐ あなたは会社員ですか。

　エス　　ウステ　　エンプレアード
**¿Es usted empleado?**
　　　　　　　　会社員

☐ あなたはケイコさんですか。

　エス　　ウステ　　ケイコ
**¿Es usted Keiko?**　⇒親しい間柄では *¿Eres Keiko?*

PART 2　すぐに話せる！スペイン語の頭出しパターン15

## 3.「〜をお願いします」

# 〜 por favor.
ポル　　　ファボール

■ものを頼んだりお願いしたりするとき

「ほしいもの」や「してほしいこと」の後ろに **por favor** を付けるだけで「〜をお願いします」と伝えることができます。**por favor** の **por** は「〜のために」という意味の前置詞，**favor** は「恩恵」という意味です。英語の **please** に相当します。

### 例文で使い方をマスターしましょう！

□ パエリヤを1つください。

ウナ　　パエジャ　　ポル　　ファボール
**Una paella, por favor.**
　1つ　　パエリヤ

□ ここで止まってください。

パレ　　アキ　　ポル　　ファボール
**Pare aquí , por favor.**
　止まる　ここで

□ この住所へ行ってください。

ジェベメ　　　ア　エスタ　　ディレクシオン　　ポル　　ファボール
**Lléveme a esta dirección, por favor.**
　運ぶ　　　　　　この　　　住所　　　　　　　　　「私を」の意味

□ ここにそれを書いてください。

エスクリーバロ　　アキ　　ポル　　ファボール
**Escríbalo aquí, por favor.**
　書く　　　　ここに　　　　　　　　　　　「それを」の意味

42

## 4.「〜がほしいのですが」

**Quiero** + ほしい物 .
キエロ

■「〜がほしい」の気持ちを伝えるとき

　quiero の後に名詞を置けば，「〜がほしいのですが」の気持ちを伝えることができます。「物を買うとき」や「ほしい物を伝えるとき」などに使うパターンです。英語の **I want ~.** に相当します。

### 例文で使い方をマスターしましょう！

☐ ワインが1杯ほしいのですが。

キエロ　　ウナ　コパ　　デ　ビノ
**Quiero una copa de vino.**
　　　　　1杯のワイン

☐ ケーキがほしいのですが。

キエロ　　ウン　パステル
**Quiero un pastel.**
　　　　1つのケーキ

☐ 水をもっとほしいのですが。

キエロ　　マス　　アグア
**Quiero más agua.**
　　　　もっと　水

☐ 何もほしくありません。

ノ　キエロ　　ナダ
**No quiero nada.**
　　　　　　何も〜ない

43

## 5.「～したいのですが」

> **Quiero** ＋ 動詞の原形 .
> キエロ

■「～がしたい」の気持ちを伝えるとき

　このパターンは「何かをしたい」ときの表現です。**Quiero** の後に動詞の原形を置くと，「買いたい」，「電話したい」などの気持ちが表現できます。英語の **I want to ~.** に相当します。
　**Quisiera**［キシエラ］を使うと，とてもていねいな表現になります。

### 例文で使い方をマスターしましょう！

☐ フラメンコを見に行きたいのですが。

キエロ　　　イール ア ベール フラメンコ
**Quiero ir a ver flamenco.**
　　　　　　行く　　フラメンコを見に

☐ バルセロナへ行きたいのですが。

キエロ　　　イール ア バルセローナ
**Quiero ir a Barcelona.**
　　　　　　行く

☐ 休憩したいのですが。

キエロ　　　デスカンサール
**Quiero descansar.**
　　　　　　休憩する

☐ お願いがあるのですが。

キエロ　　　ペディールレ　ウン　ファボール
**Quiero pedirle un favor.**　⇒ていねいな表現
　　　　　　頼む　　　　　　親切な行為　　**Quisiera pedirle un favor.**

「あなたに」の意味

## 6.「〜はありますか」

### ¿Hay + ~?
アイ

■ ほしいものがあるかどうかをたずねるとき

　自分のほしいものがそこにあるかどうかをたずねるときに用いるパターンです。**hay** は「〜がある，いる」という存在を表します。英語の **there is** や **there are** と違って，単数でも複数でも **hay** のままです。

**例文で使い方をマスターしましょう！**

☐ サングリアはありますか。

アイ　　サングリーア
**¿Hay sangría?**
　　サングリア

このページの例文はすべて「〜があります」という肯定文としても使えます。

☐ 今日は闘牛はありますか。

アイ　　コリーダ　　デ　トロス　　オイ
**¿Hay corrida de toros hoy?**
　　　　闘牛　　　　　　　　　今日

☐ 通りにはたくさん店がありますか。

アイ　ムーチャス　ティエンダス　エン　ラ　カジェ
**¿Hay muchas tiendas en la calle?**
　　　　　　　　　店　　　　　　　　通り

☐ 今日，サッカーの試合はありますか。

アイ　パルティード　デ　フッボル　オイ
**¿Hay partido de fútbol hoy?**
　　　試合　　　　　　サッカー　　今日

45

## 7.「〜してもいいですか」

### ¿Puedo + 動詞の原形？
プエド

■「〜してもいいですか」と許可を求めるとき

「〜してもいいですか。」と許可を相手にたずねるときの表現が ¿Puedo + 動詞の原形？ です。puedo は poder［ポデール］「〜することができる」という動詞の 1 人称単数の活用形。

### 例文で使い方をマスターしましょう！

☐ そのバッグを見せていただけますか。（←見てもいいですか）

プエド　　ベール　エセ　ボルソ
**¿Puedo ver ese bolso?**
　　　　　見る　そのバッグ

☐ 荷物はここに置いてもいいですか。

プエド　　ポネール　エル エキパッヘ　アキ
**¿Puedo poner el equipaje aquí?**
　　　　　置く　　　荷物　　　ここに

☐ ここに座ってもいいですか。

プエド　　センタールメ　　アキ
**¿Puedo sentarme aquí?** sentarse という再帰動詞で、
　　　　　座る　　　　　ここに 「自分自身を座らせる」→「座る」

☐ 窓を開けてもいいですか。

プエド　　アブリール ラ ベンターナ
**¿Puedo abrir la ventana?**
　　　　　開ける　　　窓

46

## 8.「〜していただけますか」

## ¿Puede + 動詞の原形？
プエデ

### ■人に頼みごとをするときの言い方

人に頼みごと（依頼）をするときのていねいな言い方が **¿Puede** ＋動詞の原形 **?** のパターンです。**puede** は **poder**［ポデール］の３人称単数の活用形。**¿Podría**［ポドリーア］＋動詞の原形 **?** はよりていねいな言い方です。

### 例文で使い方をマスターしましょう！

□ 荷物を預かっていただけますか。

プエデ　　グアルダール　ミ　エキパッヘ
**¿Puede guardar mi equipaje?**
　　　　　保管する　　　私の　荷物

□ 窓を開けていただけますか。

プエデ　　アブリール ラ　ベンターナ
**¿Puede abrir la ventana?**
　　　　　開ける　　　窓

□ あそこで止めてくれますか。

プエデ　　パラール　アジィ
**¿Puede parar allí?**
　　　　　止まる　　あそこで

□ それらを別々に包んでいただけますか。

プエデ　　エンボルベールロス　　セパラードス
**¿Puede envolverlos separados?**
　　　　　包む　　　　　　別々に　⇒ていねいな表現
　　　　　　　　　　　　　　　　**¿Podría envolverlos separados?**
　　　　　　「それらを」の意味

PART 2　すぐに話せる！スペイン語の頭出しパターン15

47

## 9.「私は〜したところです」「したことがあります」

### He + 過去分詞．
エ

■**直前の出来事やこれまでの経験を表すとき**

「〜したところです」などの直前の行為や，「〜へ行ったことがある」などの経験を表す時に使うパターンで，現在完了形といいます。**he** は **haber**［アベール］の活用形で助動詞の働きをします。ここで使われる過去分詞はいつも男性単数形です。

### 例文で使い方をマスターしましょう！

□ よく眠りました。

エ　　ドルミード　　ビエン
**He dormido bien.**
　　眠った　　　　良く

□ もう食べました。

ジャ　エ　　コミード
**Ya he comido.**
すでに　　食べた

□ とても楽しかったです。

ロ　エ　　パサード　　ムイ　　ビエン
**Lo he pasado muy bien.**
　　　過ごす　　　　とても良く

⇒とてもよく使われる慣用表現です。このまま覚えましょう。

□ バルセロナへ2回行ったことがあります。

エ　　エスタード　エン　バルセロナ　　　ドス　　ベセス
**He estado en Barcelona dos veces.**
行ったことがある　　　　　　　　　2回

## 10.「どのように」

### ¿Cómo ~?
コモ

■ **方法ややり方，様態などをたずねるとき**

「どうやって」とか「どのように」,「どのような」というように,方法や様子,状態などを尋ねるときに使うパターンです。**cómo** は英語の **how** に相当します。

> 例文で使い方をマスターしましょう！

☐ パエリヤの味はどう？

　　コモ　　　エスタ　ラ　パエジャ
**¿Cómo está la paella?**
　　　　　　　　パエリヤ

☐ どんなバッグですか。

　　コモ　　　エス エル ボルソ
**¿Cómo es el bolso?**
　　　　　　　　バッグ

☐ どのようにつづるのですか。

　　コモ　　　セ　エスクリベ　　　「人は書く」と主語を特定しない言い方
**¿Cómo se escribe?**
　　　　　　つづるのですか

☐ お名前は何とおっしゃるのですか。

　　コモ　　　セ　ジャマ　　　llamarse という再帰動詞
**¿Cómo se llama?**
　　　　　　名前を〜という

49

## 11.「〜はどこですか」

## ¿Dónde ~?
ドンデ

■「どこで？」とたずねるとき

dónde は「どこで？」の意味で使われる疑問詞です。

疑問詞があるので，語尾は上げなくても構いません。dónde の後は〈動詞＋主語〉の語順。dónde は英語の where に相当します。

### 例文で使い方をマスターしましょう！

□ トイレはどこですか。

ドンデ　　　エスタ　エル　セルビシオ
**¿Dónde está el servicio?**
　　　　　　　　　　　トイレ

□ 食堂はどこですか。

ドンデ　　　エスタ　エル　コメドール
**¿Dónde está el comedor?**
　　　　　　　　　　　食堂

□ （地図をひろげながら）ここはどこですか。

ドンデ　　　エスタモス
**¿Dónde estamos?**
　　　　　　私たちは〜にいる

□ お住まいはどちらですか。

ドンデ　　　ビベ　　ウステ
**¿Dónde vive usted?**
　　　　　　住む　あなたは

## 12.「いつですか」

## ¿Cuándo ~?
クアンド

### ■「いつ？」とたずねるとき

cuándo は「いつ？」の意味で使われる疑問詞です。

cuándo の後は〈動詞＋主語〉の語順になります。cuándo は英語の when に相当します。

### 例文で使い方をマスターしましょう！

□ あなたの誕生日はいつですか。

クアンド　　エス　ス　　クンプレアーニョス
**¿Cuándo es su cumpleaños?**
　　　　　　　あなたの誕生日　　　単複同形

□ いつ出発しますか。

クアンド　　サレ
**¿Cuándo sale?**
　　　　　出発する

□ （お店や銀行が）いつ開きますか。

クアンド　　アブレン
**¿Cuándo abren?**
　　　　　開く

□ いつ始まりますか。

クアンド　　エンピエサ
**¿Cuándo empieza?**
　　　　　原形は empezar（始まる）

PART 2　すぐに話せる！スペイン語の頭出しパターン15

51

## 13.「どれだけ」「いくつ」

### ¿Cuánto ~?
クアント

■「いくら」「どれだけ」「いくつ」と数や量をたずねるとき

数や量をたずねるパターンです。後ろに名詞がくる場合は，名詞の性と数に応じて **cuánto**，**cuánta**，**cuántos**，**cuántas** と語尾変化します。英語の **How much**，**How many** に相当します。

#### 例文で使い方をマスターしましょう！

□ いくらですか。

クアント　　　クエスタ
**¿Cuánto cuesta?** 　　⇒合計額を聞く場合 ¿Cuánto es?

□ どのくらい停車しますか。

クアント　　ティエンポ　　パラ
**¿Cuánto tiempo para?** — 動詞原形は parar
どのくらいの時間　　　　停車する

□ 何人いますか。

クアンタ　　ヘンテ　　アイ
**¿Cuánta gente hay?**
どのくらい — 後ろの名詞 gente（人々）が女性名詞なので cuánta

□ きみ，何歳ですか。

クアントス　　アーニョス ティエネス
**¿Cuántos años tienes?**
どのくらいの年 — años に対応して cuántos

## 14.「何」「どんな」

### ¿Qué ~?
ケ

■ 何であるかを聞くとき

「何ですか」と聞くときに用いられる疑問詞です。名詞の直前に置かれると形容詞の働きになり，「どの…」という意味で用いられます。英語の **what** に相当します。

### 例文で使い方をマスターしましょう！

□ 何時ですか。

**¿Qué hora es?**
ケ　オラ　エス
　　　時刻

□ お薦め品は何ですか。

**¿Qué me recomienda?**
ケ　メ　レコミエンダ
何を　私たちに　薦める

□ どうしたの？

**¿Qué pasa?**
ケ　パサ
何が　起こる

□ 何とおっしゃったのですか。

**¿Qué ha dicho?**
ケ　ア　ディチョ
何と　言った

53

## 15.「どれ」「どちら」

### ¿Cuál ~?
クアル

■「どれ？，どちら？」と選択を聞くとき

「どちらがほしいですか」というように，どれかを選択する場合に用いられるパターンです。さまざまな質問の場面でよく使われます。英語の **which** に相当します。

### 例文で使い方をマスターしましょう！

□ どれがあなたの車ですか。

クアル　エス　ス　コチェ
**¿Cuál es su coche?**
　　　　　あなたの 車

□ どちらがほしいですか。

クアル　キエレ
**¿Cuál quiere?**
　　　ほしい

□ あなたのサイズはどれですか。

クアル　エス　ス　タジャ
**¿Cuál es su talla?**
　　　　　あなたのサイズ

□ 2つのうちどちらのTシャツがよろしいですか。

クアル　デ　ラス　ドス　カミセータス　キエレ
**¿Cuál de las dos camisetas quiere?**
　　　　　　2つ　　Tシャツ　　　ほしい

54

# PART 3

## すぐに話せる！
## よく使う
## 基本・日常表現

# 1 Lección 出会い・あいさつ

## ショート対話

□ A: はじめまして。

ムーチョ　　グスト
-Mucho gusto.
とても　　喜び

□ B: こちらこそ どうぞよろしく。

エンカンタード
-Encantado.

話し手が女性の場合は encantada

□ A: お会いできてうれしいです。

エス　ウン　プラセール　コノセールレ
-Es un placer conocerle.

相手が女性の場合は conocerla

□ B: こちらこそ。

イグアルメンテ
-Igualmente.
同様に

### ■ 敬称のつけ方「こちらは〜さんです」

関連表現・事項

エステ　エス エル セニョール ペレス
◇ Éste es el señor Pérez.（男性）

エスタ　エス ラ セニョーラ　ゴンサレス
◇ Ésta es la señora González.（既婚女性）

エスタ　エス ラ セニョリータ　ガルシーア
◇ Ésta es la señorita García.（未婚女性）

## すぐに使えるフレーズ

☐ A: お名前は何とおっしゃいますか。

<sub>コモ　　　セ　ジャマ　　ウステ</sub>
-¿Cómo se llama usted?
<sub>どのように　　　〜と呼ぶ</sub>

☐ B: スズキ・マキと申します。

<sub>メ　　ジャモ　　マキ　　スズキ</sub>
-Me llamo Maki Suzuki.
<sub>私の名前は〜です</sub>

☐ B: スズキ・マキです。

<sub>ソイ　マキ　　スズキ</sub>
-Soy Maki Suzuki.

☐ どのようにつづるのですか。

<sub>コモ　　　セ　エスクリーベ</sub>
¿Cómo se escribe?　——原形は escribir
<sub>どのように　　書く</sub>

⇒ **se** + **escribe** で「人は書く」と主語を特定しない言い方。

☐ この人はタナカさんです。

<sub>エス エル セニョール タナカ</sub>
Es el señor Tanaka.

⇒ **señor, señora, señorita** は原則的に名字に、**don, doña** は名前につける尊称です。

☐ お会いできてとてもうれしいです。

<sub>メ　アレグロ　　ムーチョ　　デ　コノセールレ</sub>
Me alegro mucho de conocerle.　——女性の場合は conocerla
<sub>私はうれしい　　　　　　　　あなたを知る</sub>

⇒ 再帰動詞 **alegrarse de** ＋動詞の原形で「〜してうれしい」の意味になります。

# 2 Lección 日常のあいさつ

## ショート対話

□ A: こんにちは，タナカさん。（男性）

-**Buenas tardes, Sr. Tanaka.**
　　ブエナス　　タルデス　　セニョール　タナカ
　　　　　　　　　　　　　　　señor の略

□ B: こんにちは。お元気ですか。

-**Buenas tardes. ¿Cómo está?**
　　ブエナス　　タルデス　　コモ　　エスタ

□ A: 元気です。ありがとうございます。で，あなたは？

-**Muy bien, gracias. ¿Y usted?**
　　ムイ　ビエン　　グラシアス　　イ　ウステ

□ B: 私も元気です。

-**Yo también muy bien.**
　　ジョ　タンビエン　　ムイ　ビエン

### ■くだけたあいさつ

A:「やあ，元気？」　　　　¡Hola! ¿Qué tal?
　　　　　　　　　　　　　オラ　　ケ　タル

B:「元気だよ。きみは？」　Bien. ¿Y tú?
　　　　　　　　　　　　　ビエン　イ トゥ

A:「かわりないよ」　　　　Como siempre.
　　　　　　　　　　　　　コモ　　シエンプレ

## すぐに使えるフレーズ

□ やあ。

オラ
¡Hola!

□ おはようございます。

ブエノス　ディアス
Buenos días.　　　　　　　（起床から昼食まで）

□ こんにちは。

ブエナス　タルデス
Buenas tardes.　　　　　　（昼食後から日没まで）

□ こんばんは。／おやすみなさい。

ブエナス　ノチェス
Buenas noches.　　　　　　（日没後から就寝まで）

□ A: こんにちは，お元気ですか。

ブエナス　　タルデス　　コモ　　エスタモス
-Buenas tardes. ¿Cómo estamos?

一人称複数で親しさをこめる

□ B: とても元気です。

フェノメナル
-Fenomenal.
　すばらしい

# Lección 3 別れぎわの一言

## ショート対話

□ A: 気をつけて。

クイーデセ
-Cuídese.

□ B: またお会いしましょう。

グラシアス　　アディオス
-Gracias, adiós.
ありがとう　　さようなら

□ A:（飛行場で）よい旅行を！

ブエン　ビアッヘ
-¡Buen viaje!

□ B: さようなら。また会いましょう。

アディオス　アスタ　ラ　ビスタ
-Adiós. Hasta la vista.
　　　　　～まで　　会うこと

## 関連表現・事項

□ さようなら，また明日

アディオス　アスタ　マニャーナ
Adiós, hasta mañana.

□ また来月に

アスタ　エル プロクシモ　メス
Hasta el próximo mes.

hasta の後ろに、次に会うときを具体的にいれます。

□ またこんどの月曜に

アスタ　エル プロクシモ　ルネス
Hasta el próximo lunes.

□ また次の会合で

アスタ　ラ　プロクシマ　レウニオン
Hasta la próxima reunión.

## すぐに使えるフレーズ

☐ さようなら，またね。

アディオス　アスタ　　ルエゴ
**Adiós, hasta luego.**
さようなら　〜まで　　あと

☐ じゃあとで。

アスタ　　アオラ　　　→直後に会う人に
**Hasta ahora.**

☐ 近いうちに会いましょうね。

アスタ　　プロント
**Hasta pronto.**

☐ 明日会いましょうね。

ノス　　ベモス　　　マニャーナ
**Nos vemos mañana.**
　　　　会いましょう　明日

☐ 楽しい週末をお過ごしください。

ブエン　フィン デ セマーナ
**¡Buen fin de semana!**
　良い　　　　週末

☐ マリアによろしく。

レクエルドス　　ア マリーア
**Recuerdos a María.**

PART 3 すぐに話せる！よく使う基本・日常表現

61

# Lección 4 感謝する

## ショート対話

□ A: いろいろありがとう。

-**Gracias por todo.**
グラシアス ポル トド
ありがとう すべてについて

□ B: どういたしまして。こちらこそありがとう。

-**De nada. Gracias a ti.**
デ ナダ グラシアス ア ティ
無 ありがとう 君に

□ A: 本当にどうもありがとう。

-**Muchísimas gracias.**
ムチシマス グラシアス
— mucho の絶対最上級表現

□ B: とんでもない。

-**No hay de qué.**
ノ アイ デ ケ
ありません 何も

## 関連表現・事項

□ 心から感謝します。

-**Te lo agradezco de corazón.**
テ ロ アグラデスコ デ コラソン

□ どういたしまして。

-**No es nada.**
ノ エス ナダ

## すぐに使えるフレーズ

☐ とってもありがとう。

ミル　グラシアス
**Mil gracias.**
1000の　ありがとう

☐ コーヒーをありがとう。

グラシアス　　ポル　　エル カフェ
**Gracias por el café.**
　　　　　　　　　　　コーヒー

☐ お待ちいただいてありがとう。

グラシアス　　ポル　　エスペラールメ
**Gracias por esperarme.**
　　　　　　　　　　　　私を待つ

☐ ご親切に，ありがとうございます。

グラシアス　　ムイ　　アマーブレ
**Gracias, muy amable.**
　　　　　　　とても　親切な

☐ （プレゼントをもらって）ステキ！

ケ　　ビエン
**¡Qué bien!**
何と　良い

☐ なんと感謝していいかわからない！

ノ　セ　コモ　　アグラデセールテロ
**No sé cómo agradecértelo.**
　　　動詞の原形はsaber　　　「君にそのことを」の意味

☐ ペドロにありがとうと伝えてね。

ダレ　　ラス　グラシアス　　ア　ペドロ
**Dale las gracias a Pedro.**
　　　　　　　感謝　　　　　　ペドロに
「彼に与える」の命令形

PART 3
すぐに話せる！よく使う基本・日常表現

63

## 5 Lección　あやまる

### ショート対話

□ A: ごめんなさい。

ペルドン
**-Perdón.**
ごめんなさい

□ B: 気にしないでください。

ノ　セ　プレオクーペ
**-No se preocupe.**
　　　　　　心配する

□ A: お待たせしてごめんなさい。

シエント　　アベールレ　　エチョ　　エスペラール
**-Siento haberle hecho esperar.**
すまない　　　　　　　　待たせる

□ B: いえ，いいですよ。

エスタ　ビエン　ノ　エス　ナダ
**-Está bien. No es nada.**
　OK　　　　　　何でもない

---

**関連表現・事項**

■「すみません」と呼びかけるとき

オイガ
**Oiga, ...**

ペルドネ
**Perdone, ...**

■ 人前を通るときや中座するときの「失礼します」

コン　　ペルミソ
**(Con) permiso.**

## すぐに使えるフレーズ

☐ ごめんなさい。

<ruby>Perdón<rt>ペルドン</rt></ruby>. / <ruby>Perdone<rt>ペルドネ</rt></ruby>. / <ruby>Disculpe<rt>ディスクルペ</rt></ruby>.

⇒足を踏んだなどの突発的出来事に対してあやまる時の表現

☐ ごめんなさい。／お気の毒に。

<ruby>Lo<rt>ロ</rt></ruby> <ruby>siento<rt>シエント</rt></ruby>.

⇒何かよくないことがあって、それに対してあやまったり、同調の意を表わす時に使います

☐ 遅れてごめんなさい。

<ruby>Perdón<rt>ペルドン</rt></ruby> <ruby>por<rt>ポル</rt></ruby> <ruby>el<rt>エル</rt></ruby> <ruby>retraso<rt>レトラソ</rt></ruby>.
　ごめんなさい　　　　　遅れ

☐ 許してください。

<ruby>Le<rt>レ</rt></ruby> <ruby>pido<rt>ピド</rt></ruby> <ruby>perdón<rt>ペルドン</rt></ruby>.
　　請う　　許し

☐ 私が悪かったんです。

<ruby>Ha<rt>ア</rt></ruby> <ruby>sido<rt>シード</rt></ruby> <ruby>culpa<rt>クルパ</rt></ruby> <ruby>mía<rt>ミア</rt></ruby>.
　　　　　　罪　　　私の

☐ ご迷惑をおかけしてすみません。

<ruby>Perdón<rt>ペルドン</rt></ruby> <ruby>por<rt>ポル</rt></ruby> <ruby>las<rt>ラス</rt></ruby> <ruby>molestias<rt>モレスティアス</rt></ruby>.
　　　　　　　　　　　　　迷惑

PART 3　すぐに話せる！よく使う基本・日常表現

65

# 6 Lección はい，いいえ

## ショート対話

□ A: 時間がありますか。

　　アイ　　ティエンポ
-¿Hay tiempo?
　　ある　　時間

□ B: いいえ，時間がありません。

　　ノー　ノ　アイ　　ティエンポ
-No, no hay tiempo.

□ A: きみ，時間がありますか。

　　ティエネス　　ティエンポ
-¿Tienes tiempo?

□ B: はい，1時までならあります。

　　シー　テンゴ　　ティエンポ　　アスタ　　ラ　ウナ
-Sí, tengo tiempo hasta la una.
　　　　　時間がある　　　　　〜まで　　1時

## 関連表現・事項

### ■「はい」「いいえ」日本語との違いに注意！

¿No quieres café?（コーヒーいらない？）に対する答えは

YES ならば　　　Sí, quiero café.　（ええ，ほしいです）

NO ならば　　　No, no quiero nada.　（いいえ，何もいりません）

⇒日本語のように「いや，ほしい」とか「ええ，いりません」のようにはなりません。

## すぐに使えるフレーズ

☐ はい，そうです。

シィ アシィ エス
**Sí, así es.**

☐ （はい，）そのとおりです。

（シィ） エソ エス
**(Sí,) eso es.**

☐ わかりました。

バレ　　　ムイ　ビエン　　デ　アクエルド
**Vale. / Muy bien. / De acuerdo.**
OK　　　　よろしい　　　　同意します
くだけた言い方

☐ いいえ，結構です。

ノー　グラシアス
**No, gracias.**

☐ いいえ，なにも。

ノー　ナダ
**No, nada.**

☐ 私は違います。

ジョ ノ
**Yo no.**

☐ まだです。

トダビア　ノ
**Todavía no.**

67

# 7 Lección 聞き返す

## ショート対話

☐ A: カステジャーナ通りに（あります）。

エン　エル　パセオ　　デ　ラ　カステジャーナ
-En el paseo de la Castellana.
　　　　　　　　　　通り

☐ B: なんとおっしゃいましたか。

コモ　　　　　　ペルドン
-¿Cómo? / -¿Perdón?
なんと　　　　　すみません

☐ A: 8時30分から9時までです。

デ　オチョ　イ メディア　ア ヌエベ
-De ocho y media a nueve.
から　　　8時半　　　　まで　9時

☐ B: もう一度言っていただけますか。

プエデ　　デシールメロ　　オトラ　ベス
¿Puede decírmelo otra vez?
　　　　私にそれを言う　　もう一度

---

**関連表現・事項**

■「本当ですか？」の言い方のバリエーション

¿Es verdad? ［エス　ベルダッ］
¿De verdad? ［デ　ベルダッ］
¿De veras? ［デ　ベラス］
¿En serio? ［エン　セリオ］
¡Qué me dices! ［ケ　メ　ディセス］
¡No me digas! ［ノ　メ　ディガス］

⇒上の3つはほぼ同じニュアンスでニュートラルな言い方。下の3つは家族や友人同士で多く使われます。

## すぐに使えるフレーズ

□ 何とおっしゃったのですか。

コモ　ア　ディチョ
**¿Cómo ha dicho?**
なんと　　　　　言う

□ もう一度お願いします。

オトラ　ベス　ポル　ファボール
**Otra vez, por favor.**
再度　　　　　お願いします ← 英語の please に相当

□ もう一度繰り返していただけますか。

プエデ　レペティール　ポル　ファボール
**¿Puede repetir, por favor?**
　　　　繰り返す

□ もしもし，よく聞こえません。

オイガ　ノ　セ　オジェ　ビエン　　原形は oír（聞こえる）
**¿Oiga?, no se oye bien.**
　　　　↑ 主語を特定しない言い方

□ 大きな声でお願いします。

プエデ　アブラール　マス　アルト
**¿Puede hablar más alto?**
　　　　話す　　　　　もっと大きな声で

□ もっとゆっくり話していただけますか。

プエデ　アブラール　マス　デスパシオ　ポル　ファボール
**¿Puede hablar más despacio, por favor?**
　　　　　　　　　　　もっとゆっくり

# Lección 8 感情を伝える

### ショート対話

□ A: 旅行はどうでしたか。

　　　ケ　　　タル　エル ビアッヘ
-¿Qué tal el viaje?
　　どうだったか　　　旅行

□ B: すごくよかったです。

　フェノメナル
-Fenomenal.
　すばらしい

□ A: もう元気になりました。

　ジャ　エストイ　ビエン
-Ya estoy bien.
　もう　　　　　よい

□ B: それはよかったですね。

　メ　　アレグロ　　ムーチョ
-Me alegro mucho.
　私はうれしい　　とても

## 関連表現・事項

■リアクションとしての感情表現

◇ああ，うれしい　　◇ああ，恥ずかしい　　◇ああ，残念
　¡Qué alegría!　　　¡Qué vergüenza!　　　¡Qué pena!
　ケ　　アレグリーア　　ケ　　ベルグエンサ　　ケ　　ペナ

◇ああ，楽しい　　◇ああ，くやしい　　◇ああ，うんざりだ
　¡Qué divertido!　¡Qué rabia!　　　　¡Qué fastidio!
　ケ　　ディベルティード　ケ　　ラビア　　　ケ　　ファスティディオ

## すぐに使えるフレーズ

☐ うれしいです。

エストイ　コンテント
**Estoy contento.**
満足な

☐ 感動しています。

エストイ　エモシオナード
**Estoy emocionado.**
感動した

☐ 心配です。

エストイ　プレオクパード
**Estoy preocupado.**
心配した

話し手が女性の場合は女性形に
contenta
emocionada
preocupada

☐ 恥ずかしいです。

メ　ダ　ベルグエンサ
**Me da vergüenza.**
恥

☐ たいへん残念です。

メ　ダ　ムーチャ　ペナ
**Me da mucha pena.**
　　　　　大きな　　苦しみ

☐ 気がかりです／心配です。

テンゴ　ミエド
**Tengo miedo.**
持っている　心配

# Lección 9 出会い・友だちづくり

## ショート対話

□ A: あなたはどこのご出身ですか。

-¿De dónde es used?

どこから →「どこから」⇒「どこの出身」

□ B: 日本の東京です。

-Soy de Japón, de Tokio.

□ A: あなたはスペイン人ですか。

-¿Eres española?

スペイン人女性 — 男性の場合は español

□ B: 私はスペイン人ではありません。コロンビア人です。

-No, no soy española. Soy colombiana.

コロンビア人女性

### 関連表現・事項

■出身地のたずねかた

□ お国はどちらですか。
¿De qué país es usted?

□ どの地方出身ですか。
¿De qué provincia?

□ スペインのどちらの出身ですか。
¿De qué parte de España?

□ どの町の出身ですか。
¿De qué ciudad?

### すぐに使えるフレーズ

☐ 日本をよくご存知ですか。

　　コノセ　　　ウステ　　　ビエン　　ハポン
**¿Conoce usted bien Japón?**
　　知る　　　原形は conocer　　よく

☐ 日本に行ったことはありますか。

　　ア　エスタード　　アルグナ　　ベス　エン　ハポン
**¿Ha estado alguna vez en Japón?**
　　　居る　　　　　何回か

☐ 日本へのはじめての旅行ですか。

　　エス　ス　プリメール　　ビアッへ　ア　ハポン
**¿Es su primer viaje a Japón?**
　　　　　　はじめての　　　旅

☐ ぜひ日本に来てください。

　ティエネ　ケ　　ビシタール　　ハポン　　シン　ファルタ
**Tiene que visitar Japón sin falta.**
　　　　　　　　　訪れる　　tiene que ＋動詞の原形で
　　　　　　　　　　　　　「あなたは〜しなければならない」

☐ A: 日本へ来て何年になりますか。

　　クアントス　　アーニョス ジェバ　エン　ハポン
**-¿Cuántos años lleva en Japón?**
　　　何年　　　　　　　　いる

☐ B: 3年です。

　　ジェボ　トレス　アーニョス
**-Llevo tres años.**
　　　　原形は llevar
　　　　llevar ＋期間で「〜の時間が経過する」の意味

PART 3 すぐに話せる！よく使う基本・日常表現

73

□ A: きみは学生ですか。

-¿Eres estudiante?

□ B: はい，私は学生です。

-Sí, soy estudiante.

□ B: 法律を勉強しています。

-Estudio derecho.

□ B: いいえ，私は勤め人です。

-No, soy empleado. ← 女性ならば empleada

□ A: ご職業は何ですか。 ／ お仕事は何ですか。

-¿En qué trabaja usted? /-¿A qué se dedica usted?

dedicarse a ～で「～の仕事をする」

□ B: 製薬会社に勤めています。

-Trabajo en una farmacéutica.

□ 結婚しています。 ／ 独身です。

Estoy casado. / Soy soltero. ← 女性ならば soltera

女性ならば casada ／ estoy も OK

# ■出会い・友だちづくりでよく使われる単語

### ●職業

|  |  |  |
|---|---|---|
| 学生 | **estudiante** | エストゥディアンテ |
| 教師 | **profesor (-ra)** | プロフェソール（ラ） |
| 保育士 | **maestro (-ra)** | マエストロ（ラ） |
| 会社員 | **empleado (-da)** | エンプレアード（ダ） |
| 公務員 | **funcionario (-ria)** | フンシオナリオ（リア） |
| エンジニア | **ingeniero (-ra)** | インヘニエーロ（ラ） |
| 看護師 | **enfermero (-ra)** | エンフェルメーロ（ラ） |
| 店員 | **dependiente (-ta)** | デペンディエンテ（タ） |
| 医者 | **médico (-ca)** | メディコ（カ） |
| 弁護士 | **abogado (-da)** | アボガード（ダ） |
| ジャーナリスト | **periodista** | ペリオディスタ |
| 主婦 | **ama de casa** | アマ デ カサ |

### ●学問

|  |  |  |
|---|---|---|
| 文学 | **literatura** (f) | リテラトゥーラ |
| 歴史 | **historia** (f) | イストリア |
| 医学 | **medicina** (f) | メディシーナ |
| 工学 | **ingeniería** (f) | インヘニエリーア |
| 情報科学 | **informática** (f) | インフォルマティカ |
| 経済 | **economía** (f) | エコノミーア |
| 政治 | **política** (f) | ポリティカ |
| 法律 | **derecho** (m) | デレーチョ |
| 芸術 | **arte** (m) | アルテ |

### ●その他

|  |  |  |
|---|---|---|
| 既婚者 | **casado (-da)** | カサード（ダ） |
| 独身者 | **soltero (-ra)** | ソルテーロ（ラ） |
| 退職者 | **jubilado (-da)** | フビラード（ダ） |
| 失業者 | **desempleado (-da)** | デセンプレアード（ダ） |

PART 3　すぐに話せる！よく使う基本・日常表現

□ A: 何歳ですか？

クアントス　　アーニョス　ティエネス　　ケ　　エダッ　ティエネス
-¿Cuántos años tienes? / ¿Qué edad tienes?
　　いくつの　　　歳　　　持つ　　　　　　何歳　　持つ

□ B: 31歳です。

テンゴ　　トレインタ　イ　ウン　アーニョス
-Tengo treinta y un años.
　　　　　　　31歳

□ A: きみの誕生日はいつですか？

クアンド　　エス トゥ クンプレアーニョス
-¿Cuándo es tu cumpleaños?
　　いつ　　　　　きみの誕生日

　　ケ　　ディア エス トゥ クンプレアーニョス
-¿Qué día es tu cumpleaños?
　　　　　　　　　　　きみの誕生日

□ B: 4月25日です。

エス エル ベインティシンコ　　デ　　アブリル
-Es el veinticinco de abril.　　スペイン語では月の名前は小文字です
　　　　　　25日　　　　　　4月

□ A: お子さんはいらっしゃいますか？

ティエネス　イッホス
-¿Tienes hijos?
　持つ　　子ども

□ B: はい、娘と息子がいます。

シィ テンゴ　　ウン イッホ イ ウナ イッハ
-Sí, tengo un hijo y una hija.
　　　　　　　　　息子　　　　　娘

76

□ A: Eメールをお持ちですか？

-¿Tienes dirección de correo electrónico?
　　ティエネス　ディレクシオン　デ　コレオ　エレクトロニコ
　　　　　　　アドレス　　　　　　　　Eメール

□ B: ええ，ここにあります。

-Sí, aquí la tienes.
　シィ　アキ　ラ　ティエネス
　　　　　　　女性名詞の dirección を la で受けています。

□ B: はい，これです。

-Sí, ésta es.
　シ　エスタ　エス
　　　　これ

□ B: これが私のアドレスです。

-Ésta es mi dirección.
　エスタ　エス　ミ　ディレクシオン
　これが　　　私のアドレス

□ 私の電話番号は 1234-5678 です。

Mi número de teléfono es
ミ　ヌメロ　デ　テレフォノ　エス
　　　　　　　電話番号

el uno dos tres cuatro,
エル ウノ　ドス　トレス　クアトロ
　　　　　　　　　　　　el(número) のこと

cinco seis siete ocho.
シンコ　セイス　シエテ　オチョ

PART 3

すぐに話せる！よく使う基本・日常表現

77

□ 一緒にお昼を食べましょう。

### ¿Por qué no almorzamos juntos?

ポル　ケ　ノ　アルモルサモス　フントス

- por qué no + 動詞の原形で、「～しませんか？」と誘う表現
- 動詞原形は almorzar.「朝食をとる」は desayunar,「夕食をとる」は cenar

□ いつがいいですか？

### ¿Cuándo te va bien?

クアンド　テ　バ　ビエン

- va bien で「都合が良い」, va mal で「都合が悪い」

□ あさってはいかがですか？

### ¿Qué te parece pasado mañana?

ケ　テ　パレセ　パサード　マニャーナ

- 「きみはどう思うか？」と尋ねる言い方

⇒ 明日は mañana, 昨日は ayer, 一昨日は ante ayer

□ 次の土曜日が都合がいいです。

### Me va bien el próximo sábado.

メ　バ　ビエン　エル　プロクシモ　サバド

私は都合がよい　　　　　　　次の土曜日

□ A: 待ち合わせはどうしますか。

### -¿Cómo quedamos?

コモ　ケダモス

どのように　待ち合わせる　― 待ち合わせをするときに良く使う動詞。

□ B: 1時にカフェテリア・マールで待ち合わせましょう。

### -Quedamos en la cafetería Mar a la una.

ケダモス　エン　ラ　カファテリーア　マール　ア　ラ　ウナ

待ち合わせる　　　　　　カフェテリア　　　　1時に

□ （きみといて）とても楽しかった。

エ　エスタード　ムイ　ア　グスト　コンティーゴ
**He estado muy a gusto contigo.**

　　　　　　　　　　a gusto で「快適だ，楽しい」の意味

□ お話できて楽しかったです。（かしこまった言い方）

ア　シード　ウン　プラセール　アブラール　コン　ウステ
**Ha sido un placer hablar con usted.**
　　　　　　　　喜び　　　　　　あなたと話す

□ （別れるきっかけ）じゃあ，そろそろ行きます。

ブエノ　　テンゴ　ケ　イールメ
**Bueno, tengo que irme.**
　　　「さて」「じゃあ」などの意味

　　　　原形は irse「ここからいなくなる」という意味の再帰動詞

□ いつでも連絡しあいましょう。

エスタモス　　エン　コンタクト
**Estamos en contacto.**
　　　　　　　つながっている状態

□ 君にメール書くよ。

テ　エスクリビレ　ウン　メイル
**Te escribiré un mail.**
君に　書く　　　　escribir の未来形

□ 電話ちょうだいね。

ジャマメ　　　ポル　ファボール
**Llámame, por favor.**
　　原形は llamar
　　「電話をする」という意味で tú に対する命令形。
　　usted に対しては Llámeme.

## ●スペイン語圏の国々と国民

|  |  |
|---|---|
| スペイン | **España** エスパーニャ |
| | **español** エスパニョール |
| | **española** エスパニョーラ |
| メキシコ | **México** メヒコ |
| | **mexicano** メヒカーノ |
| | **mexicana** メヒカーナ |
| グアテマラ | **Guatemala** グアテマラ |
| | **guatemalteco** グアテマルテーコ |
| | **guatemalteca** グアテマルテーカ |
| ホンジュラス | **Honduras** オンドゥーラス |
| | **hondureño** オンドゥレーニョ |
| | **hondureña** オンドゥレーニャ |
| エルサルバドル | **El Salvador** エル サルバドール |
| | **salvadoreño** サルバドレーニョ |
| | **salvadoreña** サルバドレーニャ |
| ニカラグア | **Nicaragua** ニカラグア |
| | **nicaragüense** ニカラグエンセ |
| コスタリカ | **Costa Rica** コスタ リカ |
| | **costarricense** コスタリセンセ |
| パナマ | **Panamá** パナマー |
| | **panameño** パナメーニョ |
| | **panameña** パナメーニャ |
| キューバ | **Cuba** クーバ |
| | **cubano** クバーノ |
| | **cubana** クバーナ |
| ドミニカ共和国 | **República Dominicana** レプブリカ ドミニカーナ |
| | **dominicano** ドミニカーノ |
| | **dominicana** ドミニカーナ |
| ベネズエラ | **Venezuela** ベネスエラ |
| | **venezolano** ベネソラーノ |
| | **venezolana** ベネソラーナ |
| コロンビア | **Colombia** コロンビア |
| | **colombiano** コロンビアーノ |
| | **colombiana** コロンビアーナ |
| エクアドル | **Ecuador** エクアドール |
| | **ecuatoriano** エクアトリアーノ |
| | **ecuatoriana** エクアトリアーナ |
| ペルー | **Perú** ペルー |
| | **peruano** ペルアーノ |
| | **peruana** ペルアーナ |
| ボリビア | **Bolivia** ボリービア |
| | **boliviano** ボリビアーノ |
| | **boliviana** ボリビアーナ |

| | | | | |
|---|---|---|---|---|
| パラグアイ | **Paraguay**<br>パラグアイ<br>**paraguayo**<br>パラグアージョ<br>**paraguaya**<br>パラグアージャ | | ドイツ | **Alemania**<br>アレマニア<br>**alemán**<br>アレマン<br>**alemana**<br>アレマナ |
| ウルグアイ | **Uruguay**<br>ウルグアイ<br>**uruguayo**<br>ウルグアージョ<br>**uruguaya**<br>ウルグアージャ | | イタリア | **Italia**<br>イタリア<br>**italiano**<br>イタリアーノ<br>**italiana**<br>イタリアーナ |
| アルゼンチン | **Argentina**<br>アルヘンティーナ<br>**argentino**<br>アルヘンティーノ<br>**argentina**<br>アルヘンティーナ | | 米国 | **Estados Unidos**<br>エスタードス ウニードス<br>**estadounidense**<br>エスタドウニデンセ |
| チリ | **Chile**<br>チレ<br>**chileno**<br>チレーノ<br>**chilena**<br>チレーナ | | ブラジル | **Brasil**<br>ブラシル<br>**brasileño**<br>ブラシレーニョ<br>**blasileña**<br>ブラシレーニャ |

●世界の主な国と国民

| | | | | |
|---|---|---|---|---|
| 日本 | **Japón**<br>ハポン<br>**japonés**<br>ハポネス<br>**japonesa**<br>ハポネサ | | ロシア | **Rusia**<br>ルシア<br>**ruso**<br>ルソ<br>**rusa**<br>ルサ |
| フランス | **Francia**<br>フランシア<br>**francés**<br>フランセス<br>**francesa**<br>フランセサ | | 中国 | **China**<br>チナ<br>**chino**<br>チノ<br>**china**<br>チナ |
| 英国 | **Reino Unido**<br>レイノ ウニード<br>**británico**<br>ブリタニコ<br>**británica**<br>ブリタニカ | | インド | **India**<br>インディア<br>**indio**<br>インディオ<br>**india**<br>インディア |

PART 3

すぐに話せる！よく使う基本・日常表現

# 10 Lección スペイン・スペイン語

## ショート対話

□ A: スペインは好きですか。

レ　グスタ　エスパーニャ
-¿Le gusta España?
　あなたは好き　スペイン

□ B: はい，とっても。

シィ　メ　エンカンタ
-Sí, me encanta.
　　　　me gusta... よりもっと強い調子

□ A: スペイン語を話せますか。

アブラ　ウステ　エスパニョール
-¿Habla usted español?
　話す　　　　　スペイン語

□ B: はい，少し。　　　　□ B: いいえ，話せません。

シィ　ウン　ポコ　　　　　　ノー　ノ　アブロ　エスパニョール
-Sí, un poco.　　　　　-No, no hablo español.
　　　少し　　　　　　　　　　　　　話さない

### 関連表現・事項

español（スペイン人）は次のような意味でも使われます。

言語：**español** [エスパニョール] スペイン語
〜の：**bandera española** [バンデーラ エスパニョーラ] スペイン国旗
産地：**vino español** [ビノ エスパニョール] スペイン産ワイン
製品：**producto español** [プロドゥクト エスパニョール] スペイン製品

## すぐに使えるフレーズ

☐ スペイン語を勉強しています。

エストイ　アプレンディエンド　　　エスパニョール
### Estoy aprendiendo español.
　　　　　学んでいる　　　　　　　スペイン語

**estar**＋現在分詞で「今～しています」の意味

☐ 大学でスペイン語を学んでいます。

アプレンド　　　エスパニョール　エン　ラ　ウニベルシダッ
### Aprendo español en la universidad.
　学ぶ　　　　　　　　　　　　　　　　　大学で

☐ A: スペイン語でコンピュータを何と言いますか。

　　コモ　　セ　ディセ　　　コンピューター　　　エン　エスパニョール
### -¿Cómo se dice "computer" en español?
　　どのように言う　　　「人はいう」という主語を特定しない言い方

☐ B: ordenador と言います。

　　セ　ディセ　　　オルデナドール
### -Se dice "ordenador".

☐ A: マドリードへ行ったことがありますか。

　　ア　エスタード　　アルグナ　　ベス　エン　マドリッ
### -¿Ha estado alguna vez en Madrid?
　　いたことがある　　何度か　　　　　　マドリードに

☐ B: いいえ一度も。でもいつか行きたいです。

　　ノー　ヌンカ　　ペロ　　メ　　グスタリーア　イール　アルグン　ディア
### -No, nunca. Pero me gustaría ir algún día.
　　決して～ない　しかし　　　　　行きたいなぁ　　　　　いつか

「～したいなぁ」と願望を丁寧に表現

**PART 3** すぐに話せる！よく使う基本・日常表現

83

# 11 Lección 趣味

### ショート対話

□ A: あなたの趣味は何ですか。

**-¿Cuál es su hobby?**
クアル エス ス ホビイ
何ですか／あなたの趣味／「どれ」を聞く疑問詞

□ B: 私の趣味は音楽鑑賞です。

**-Escuchar música.**
エスクチャール ムシカ
聞くこと／音楽
動詞の原形は「～すること」という名詞の意味にもなります

□ A: ひまな時は何をしているの。

**-¿Qué haces en tu tiempo libre?**
ケ アセス エン トゥ ティエンポ リブレ
何を／する／時間／自由な

□ B: 読書か散歩です。

**-Leer libros o pasear.**
レエール リブロス オ パセアール
読む／本／または／散歩

### ■いろいろな趣味

|  |  |  |  |
|---|---|---|---|
| 映画を見る | ver películas ベール ペリクラス | 旅行 | viajar ビアハール |
| コンサートに行く | ir a conciertos イール ア コンシエルトス | 切手収集 | coleccionar sellos コレクシオナール セジョス |
| ショッピング | ir de compras イール デ コンプラス | 登山 | montañismo (m) モンタニスモ |
| ドライブをする | pasear en coche パセアール エン コチェ | 水泳 | natación (f) ナタシオン |

関連表現・事項

## すぐに使えるフレーズ

☐ 旅行するのが好きです。

**Me gusta viajar.**
メ　　グスタ　　ビアハール
私は好き　　旅すること

☐ スポーツはお好きですか。

**¿Le gusta el deporte?**
レ　グスタ　エル デポルテ
あなたは好き　　スポーツ

☐ どんなスポーツが好きですか。

**¿Qué deporte te gusta?**
ケ　　デポルテ　テ　グスタ
どんなスポーツ　　君は好き

☐ テニスをするのが好きです。

**Me gusta jugar al tenis.**
メ　グスタ　フガール　アル テニス
　　　　　テニスをすること　　　球技は jugar al + スポーツ名

☐ サッカーの大ファンです。

**Soy aficionado al fútbol.**
ソイ　アフィシオナード　アル フッボル
　　　愛好家　　　　　　サッカー

☐ テレビを見るのはあまり好きではありません。

**No me gusta mucho ver la televisión.**
ノ　メ　グスタ　ムーチョ　ベール ラ テレビシオン
好きではない　　　　　　テレビをみること

☐ あなたの好きな俳優はだれですか。

**¿Qué actor le gusta?**
ケ　アクトール レ グスタ
どの俳優　　　　女優ならば actriz

85

# 12 Lección 日本について語る

## ショート対話

☐ A: 日本の気候はどんなふうですか。

-¿Cómo es el clima de Japón?

☐ B: 四季があります。

-Hay cuatro estaciones.

☐ A: たくさん雨が降りますか。

-¿Llueve mucho?

☐ B: 季節によって異なります。

-Depende de la estación.

動詞原形は depender

### ■日本の四季

| | |
|---|---|
| 春には桜が咲きます。 | **En primavera florecen los cerezos.** |
| 夏には台風がきます。 | **En verano viene el tifón.** |
| 秋は晴天が続きます。 | **En otoño el cielo está despejado.** |
| 冬は雪が降ります。 | **En invierno nieva.** |

関連表現・事項

### すぐに使えるフレーズ

☐ 人口は約 1 億 2800 万人です。

ラ　ポブラシオン　　エス　デ　ウノス　シエント　ベインティオチョ
**La población es de unos ciento veintiocho**
　　人口　　　　　　　　　　　約

ミジョネス　デ　アビタンテス
**millones de habitantes.**
　　　　　　　　住民

☐ 東京の人口は 1300 万人です。

ラ　ポブラシオン　　デ　トキオ　エス　デ　トレセ
**La población de Tokio es de trece**

ミジョネス
**millones.**

☐ 日本は 4 つの大きな島と小さい島々からなっています。

エン　ハポン　アイ　クアトロ　イスラス　グランデス　イ　オトラス
**En Japón hay cuatro islas grandes y otras**
　　　　　　　ある　4つの　　大きな島　　　　　　　その他の

ペケーニャス
**pequeñas.**
小さな（島）

☐ 日本食では，寿司，てんぷら，刺身が有名です。

エン　ラ　コシーナ　　ハポネサ　　ソン　ファモソス
**En la cocina japonesa son famosos**
　　　　日本料理　　　　　　　　　　　有名な

エル スシ　　エル テンプラ　イ　エル スキヤキ
**el *sushi*, el *tempura*, y el *sukiyaki*.**

PART 3

すぐに話せる！よく使う基本・日常表現

87

# 13 Lección 訪問する

## ショート対話

□ A: きみを家へ招待するよ。

テ　インビート　ア　ミ　カサ
**-Te invito a mi casa.** ⇒ usted に対してならば **Le invito**
きみを招待する　　　私の家へ

□ B: ああうれしい，ありがとう。

ケ　　　ビエン　　グラシアス
**-¡Qué bien, gracias!**

□ A:（訪問先で）招待していただいてありがとう。

グラシアス　　　ポル　　インビタールメ
**-Gracias por invitarme.**
　　　　　　　　　　　　私を招待する

□ B: お座りなさい，くつろいでね。

シエンタテ　　　　エスタス　　エン　トゥ　カサ　　→「自分の家だとおもって」の意味
**-Siéntate. Estás en tu casa.**
　再帰動詞 sentarse（座る）の tú に対する命令形

### 関連表現・事項

■おいとまする

何時ですか？　　**¿Qué hora es?**
　　　　　　　　　ケ　オラ　エス

（夜の）10時です。**Son las diez (de la noche).**
　　　　　　　　　ソン　ラス　ディエス（デ ラ ノチェ）

ええ！そんなに遅いんですか，帰らなくちゃ。　　tener que+ 原形で
**¡Ay, qué tarde! Tengo que volver.**　　「～しなければならない」
アイ　ケ　　タルデ　テンゴ　ケ　ボルベール

## すぐに使えるフレーズ

□ （ワインや食べ物を出して）これを持ってきました。

エ　トライード　エスト
**He traído esto.**
動詞原形は traer（持ってくる）

□ （品物を出して）これはおみやげです。

ウン　レガーロ　パラ　ティ
**Un regalo para ti.**
贈り物　　　きみのための

□ わぁ，うれしい！

ケ　　イルシオン
**¡Qué ilusión!**
　　　期待　　　夢や期待を表現するときに良く使われます

□ 気に入るといいのですが。

エスペロ　　ケ　　テ　グステ
**Espero que te guste.**
希望する　　　　君が気に入るように

□ プレゼントありがとうございます。

ムーチャス　グラシアス　ポル　エル レガーロ
**Muchas gracias por el regalo.**

□ すてきな家ですね。

ケ　　カサ　　タン　ボニータ
**¡Qué casa tan bonita!**
　　　家　　　すごく素敵な

□ すてきな家具ですね。

ティエネ　ウノス　ムエブレス　プレシオーソス
**Tiene unos muebles preciosos.**
　　　　　　　家具　　　　　素敵な

PART 3
すぐに話せる！よく使う基本・日常表現

89

□ A: 飲み物は何がいいですか。

ケ　　キエレ　　ベベール
-¿Qué quiere beber?
　　何を　　　　　　飲みたい

□ B: ビールをください。

ウナ　　セルベサ　　　ポル　ファボール
-Una cerveza, por favor.
　　ビール

□ A: さあ皆さん，食事にしましょう。

セニョーレス　　バモス　　ア　コメール
-Señores, vamos a comer.
　皆さん

vamos a + 不定詞で「〜しましょう」という誘いの表現

□ B: どこに座ればいいですか。

ドンデ　　　メ　　シエント
-¿Dónde me siento?

「座る」という意味の再帰動詞 sentarse

□ A: マリアの隣にどうぞ。

アル　ラド　デ　　マリーア　　ポル　ファボール
-Al lado de María, por favor.
　　〜の隣，脇

□ どれもとてもおいしいです。

トード　　エスタ　ムイ　　ブエノ
Todo está muy bueno.
　全て　　　　　おいしい

sopa, paella など女性名詞の場合は buena。
bueno, buena は estar 動詞と組むと「美味しい」という意味になります。

□ お肉が最高においしいです。

ラ　カルネ　エスタ　リキシマ
**La carne está riquísima.**
　肉　　　　　　　　　　　└─ rico（美味しい）の絶対最上級形

□ とっても料理がお上手ですね。

エレス　ムイ　ブエナ　コシネーラ
**Eres muy buena cocinera.**
きみは　　　　　　良い料理人　└─ 男性の場合は buen cocinero

□ もっといかがですか。

キエレス　マス
**¿Quieres más?**
望みますか　もっと

□ ありがとう，でもおなかがいっぱいです。

グラシアス　ペロ　エストイ　ジェノ
**Gracias, pero estoy lleno.**
　　　　　しかし　　　　　満ちている　└─ 女性の場合は llena

□ お手洗いを貸してもらえますか。

プエド　ウサール　エル　セルビシオ
**¿Puedo usar el servicio?**
使えますか　　　　　　トイレ

□ とても楽しかったです。

ロ　エ　パサード　ムイ　ビエン
**Lo he pasado muy bien.**
　　　過ごした　とても楽しく

⇒「楽しかった」という決まった表現なので覚えておきましょう。

PART 3　すぐに話せる！よく使う基本・日常表現

# 14 Lección 天気

## ショート対話

□ A: 明日は晴れるといいですね。

**-Ojalá haga buen tiempo mañana.**
オハラ　アガ　ブエン　ティエンポ　マニャーナ
〜でありますように　天気がいい　明日

□ B: そうだといいけど，雨になると思います。

**-Ojalá, pero creo que va a llover.**
オハラ　ペロ　クレオ　ケ　バ　ア　ジョベール
しかし　〜と思う　雨が降る

□ A: 今日の気温は何度くらいですか。

**-¿Qué temperatura tenemos hoy?**
ケ　テンペラトゥラ　テネモス　オイ
気温　持つ　今日

□ B: だいたい20度くらいですね。

**-Más o menos veinte grados.**
マス　オ　メノス　ベインテ　グラードス
およそ　20度

「だいたい」という決まった言い方

## 関連表現・事項

### ■その他の天候表現

**estar** ＋現在分詞（今〜している）

　llover: **Está lloviendo** ［エスタ ジョビエンド］雨が降っている

　nevar: **Está nevando.** ［エスタ ネバンド］雪が降っている

**estar** ＋過去分詞　（〜の状態である）

　**Está nublado.** ［エスタ ヌブラード］曇っています

　**Está despejado.** ［エスタ デスペハード］晴天です

## すぐに使えるフレーズ

☐ 今日はどんな天気ですか。

ケ　　ティエンポ　　アセ　　オイ
**¿Qué tiempo hace hoy?**
どんな　　　天気です　　　今日

> hacer tiempo で「～の天気です」の意味。天候表現の hacer は原形または3人称単数で使います。

☐ いい天気です。

アセ　　ブエン　　ティエンポ
**Hace buen tiempo.**
　　　良い　　天気

> 後ろに男性名詞がくると
> bueno → buen

☐ 悪い天気です。

アセ　　マル　　ティエンポ
**Hace mal tiempo.**
　　　悪い天気

> 後ろに男性名詞がくると
> malo → mal

☐ とても寒いです。

アセ　　ムーチョ　　フリオ
**Hace mucho frío.**
　　　たくさんの　寒さ

☐ 涼しいです。

アセ　　フレスコ
**Hace fresco.**
　　　涼しさ

> hace+名詞（暑さ、寒さetc.）で天候をあらわす代表例

☐ 暑いです。

アセ　　カロール
**Hace calor.**
　　　暑さ

---

**PART 3**

すぐに話せる！よく使う基本・日常表現

93

- [ ] 雨が降りはじめた。

<ruby>Empieza<rt>エンピエサ</rt></ruby> <ruby>a<rt>ア</rt></ruby> <ruby>llover<rt>ジョベール</rt></ruby>.

**Empieza a llover.**
→ empezar a + 動詞の原形で、「〜し始める」

- [ ] 雨がやんだ。

<ruby>Ha<rt>ア</rt></ruby> <ruby>dejado<rt>デハード</rt></ruby> <ruby>de<rt>デ</rt></ruby> <ruby>llover<rt>ジョベール</rt></ruby>.

**Ha dejado de llover.**
→ dejar de + 動詞の原形で、「〜することがやむ」

- [ ] 湿気があります。

**Hay humedad.**
アイ　ウメダッ
　　　湿気

- [ ] きみは暑いですか。

**¿Tienes calor?**
ティエネス　カロール
持つ　　　暑さ
→「寒い？」と聞く場合は frío

## ■関連単語

| 雨 | **lluvia** (f) ジュビア | 雷 | **trueno** (m) トルエノ |
| 雪 | **nieve** (f) ニエベ | 稲妻 | **rayo** (m) ラジョ |
| 雲 | **nube** (f) ヌベ | 台風 | **tifón** (m) ティフォン |
| 風 | **viento** (m) ビエント | ハリケーン | **huracán** (m) ウラカン |

94

# PART 4

## すぐに話せる！スペイン旅行重要フレーズ

# 15 Lección 機内で

### ショート対話

□ A:（後ろの席の人に）シートを倒してもいいですか。

　　　プエド　　　レクリナール　　エル　アシエント
-¿Puedo reclinar el asiento?
　〜してもいいですか　倒す　　　　シート

□ B: はい，もちろんですよ。

　シィ　クラーロ
-Sí, claro.

□ A: コーヒーにしますか，紅茶にしますか。

　　キエレ　　　カフェ　オ　テ
-¿Quiere café o té?
　　　　　　　　コーヒー　　紅茶

□ B: コーヒーをください。

　　カフェ　　　ポル　　ファボール
-Café, por favor.
　　　　　　　　　お願いします

## 関連表現・事項

### ■機内のトイレ

空いているときは，**LIBRE**［リブレ］

使用中のときは，**OCUPADO**［オクパード］

ドアを押す場合は，**EMPUJAR**［エンプハール］

ドアを手前に引く場合は，**TIRAR**［ティラール］

96

### すぐに使えるフレーズ

☐ （搭乗券を見せて）この席はどこですか。

　　ドンデ　　エスタ　エステ　アシエント
　**¿Dónde está este asiento?**
　〜はどこですか　　　　この　　席

☐ そこは私の席だと思いますが。

　　クレオ　ケ　エセ　エス　ミ　アシエント
　**Creo que ése es mi asiento.**
　思う　　　　　それは　　私の　席

☐ ちょっと通してください。

　　ペルミタメ　　　　パサール　ポル　ファボール
　**Permítame pasar, por favor.**
　許す　　　　　　　通す

☐ 荷物をここに置いてもらえますか。

　　プエデ　　ポネール　ミ　エキパヘ　　アキ
　**¿Puede poner mi equipaje aquí?**
　〜してもらえますか　置く　私の　荷物　　　ここに

☐ 日本の新聞はありますか。

　　アイ　　ペリオディコス　　ハポネセス
　**¿Hay periódicos japoneses?**
　〜はありますか　新聞　　　日本の
　⇒「雑誌」は revista［レビスタ］（女性名詞）。

☐ この器具はこわれています。

　　エル アパラート　　ノ　　フンシオナ
　**El aparato no funciona.**
　　　　器具　　　　　　作動しない

PART 4

すぐに話せる！スペイン旅行重要フレーズ

□ 何か飲みものがほしいのですが。

キエロ　　　　アルゴ　　パラ　　　ベベール
**Quiero algo para beber.**
〜欲しい　　　何か　　飲むための

⇒前置詞 para は「〜のための」の意味。

□ 赤ワインはありますか。

ティエネ　　　ビノ　　ティント
**¿Tiene vino tinto?**
　　　　　　　　　　　赤ワイン

□ あとどのくらいでマドリードに着きますか。

クアント　　　　ファルタ　　パラ　　ジェガール　　ア　マドリッ
**¿Cuánto falta para llegar a Madrid?**
　どのくらい　　まだ残っている　　着くために　マドリードへ

□ 毛布をください。

ウナ　　　マンタ　　　ポル　　ファボール
**Una manta, por favor.**
　　　毛布1枚

□ 少し気分が悪いのですが。

メ　　シエント　　ウン　ポコ　　マル
**Me siento un poco mal.**
　〜の気分です　　　少し　　悪い

98

## ■機内で

|  |  |
|---|---|
| 飛行機 | **avión** (m) アビオン |
| 乗客 | **pasajero (-ra)** パサヘーロ（ラ） |
| 客室乗務員 | **azafato (-ta)** アサファート（タ） |
| 航空券 | **billete de avión** ビジェーテ デ アビオン |
| 搭乗券 | **tarjeta de embarque** タルヘータ デ エンバルケ |
| ファーストクラス | **primera clase** (f) プリメーラ クラーセ |
| ビジネスクラス | **clase business** (f) クラーセ ビジネス |
| ツーリストクラス | **clase turista** (f) クラーセ トゥリスタ |
| 座席 | **asiento** (m) アシエント |
| 窓側 | **ventanilla** ベンタニージャ |
| 真ん中 | **centro** セントロ |
| 通路側 | **pasillo** 無冠詞で使います パシージョ |
| 座席番号 | **número de asiento** (m) ヌメロ デ アシエント |
| 機内持込み手荷物 | **equipaje de mano** エキパッヘ デ マノ |
| 預け入れ荷物 | **equipaje facturado** (m) エキパッヘ ファクトゥラード |
| 時差 | **diferencia horaria** (f) ディフェレンシア オラリア |
| 枕 | **almohada** (f) アルモアーダ |
| 毛布 | **manta** (f) マンタ |
| シートベルト | **cinturón de seguridad** シントゥロン デ セグリダッ |
| テレビ画面 | **pantalla** (f) パンタージャ |
| リモコン | **mando** (m) マンド |
| イヤホン | **auricular** (m) アウリクラール |

PART 4 すぐに話せる！スペイン旅行重要フレーズ

# 16 Lección 入国審査・税関

## ショート対話

### 【入国審査】

□ A: パスポートを見せてください。

-Su pasaporte, por favor.
 あなたの　パスポート

※ su は所有形容詞の3人称単数。

□ B: はい，これです。

-Sí, aquí tiene.

□ A: 旅行の目的は何ですか。

-¿Cuál es el motivo de su viaje?
 何ですか　　目的　　あなたの旅行の

□ B: 観光です。　　　　□ B: 商用です。

-Turismo.　　　　　-Negocios.

---

### 関連表現・事項

□ どこに滞在しますか。

¿Dónde se aloja?

※ alojarse（泊まる）という再帰動詞

□ ～ホテルです。

En el hotel ~ .

### すぐに使えるフレーズ

☐ スペインには何日滞在しますか。

クアント　　ティエンポ　バ　ア　エスタール　エン　エスパーニャ
## ¿Cuánto tiempo va a estar en España?
どのくらいの　　期間　　　　　　　いる　　　スペインに

☐ 1週間です。

ウナ　　セマーナ
## Una semana.
1　　週

## 【荷物引き取り】

☐ 私の荷物がみつかりません。

ノ　　エンクエントロ　　ミ　エキパッヘ
## No encuentro mi equipaje.
　　見つかりません　　　　私の荷物

☐ すぐに探していただけますか。

プエデン　　ブスカールロ　　プロント
## ¿Pueden buscarlo pronto?
〜していただけますか　探す　　　　すぐに　　　　「それを」の意味

☐ 手荷物引換証はこれです。

エステ　エス　エル　レスグアルド
## Éste es el resguardo.
これです　　　　手荷物引換証

☐ 荷物が破損しています。

ミ　エキパッヘ　　エスタ　ロト
## Mi equipaje está roto.
　私の荷物　　　　破損している

## 【税関検査】

☐ A: 申告するものはありますか。

アルゴ　ケ　　デクララール
-¿Algo que declarar?
　何かありますか　　申告する

☐ B: いいえ，ありません。

ノー　　ナダ
-No, nada.
　いいえ　何もない

☐ A: この包みを開けてもらえますか。

プエデ　　　アブリール エステ　　パケーテ
-¿Puede abrir este paquete?
　開けてもらえるか　　　　この包み

☐ B: 私の身の回り品です。

エス デ ミ　ウソ　　　ペルソナル
-Es de mi uso personal.
　　　　　　　身の回り品

ソン　　ミス　　エフェクトス　　ペルソナレス
-Son mis efectos personales.
　　　　私の　　　身の回り品

☐ B: 友人へのおみやげ（複数）です。

ソン　　レガーロス　　パラ　　ミス　アミーゴス
-Son regalos para mis amigos.
　　　　おみやげ　　　　　　　私の友人のための

☐ B: これはおみやげ（単数）です。

エス ウン レガーロ
-Es un regalo.

## ■入国審査・税関

### ●入国審査・税関

パスポート **pasaporte** (m)
パサポルテ

ビザ **visado** (m)
ビサード

入国管理 **inmigración** (f)
インミグラシオン

入国審査
  **control de pasaporte** (m)
  コントロール デ パサポルテ

検疫 **inspección sanitaria** (f)
インスペクシオン サニタリア

税関 **aduana** (f)
アドゥアナ

申告 **declaración** (f)
デクララシオン

免税品 **artículo libre de impuestos** (m)
アルティクロ リブレ デ インプエストス

### ●空港

ターミナル **terminal** (f)
テルミナル

国内線 **línea nacional** (f)
リネア ナシオナル

国際線 **línea internacional** (f)
リネア インテルナシオナル

出発便 **salidas** (f, pl)
サリーダス

到着便 **llegadas** (f, pl)
ジェガーダス

両替(所) **cambio de divisas**
カンビオ デ ディビサス

カウンター **mostrador** (m)
モストラドール

スーツケース **maleta** (f)
マレータ

空港 **aeropuerto** (m)
アエロプエルト

搭乗ゲート
  **puerta de embarque**
  プエルタ デ エンバルケ

セキュリティチェック
  **control de seguridad**
  コントロール デ セグリダッ

# 17 Lección 移動する〈タクシー〉

## ショート対話

□ A: どちらまで。

ア　ドンデ　　バモス
**-¿A dónde vamos?**
　どこへ　　　行きましょう

□ B: レティロホテルまでお願いします。

アル　オテル　　レティーロ　　ポル　　ファボール
**-Al Hotel Retiro, por favor.**
　　　　　　　　　　　　　　　　お願いします

□ A: プラド美術館までいくらですか。

クアント　　クエスタ　アスタ　エル　ムセオ　デル　プラド
**-¿Cuánto cuesta hasta el Museo del Prado?**
　いくら　　　　　　　〜まで　　プラド美術館

□ B: 8ユーロです。

オチョ　　エウロス
**-Ocho euros.**
　8　　　　ユーロ

---

**関連表現・事項**

□ ここで降ろしてください。

デヘメ　　アキ
**Déjeme aquí.**
私を放す　ここで

□ ここで待っていてもらえますか。

プエデ　　　エスペラールメ　　アキ　　ポル　ファボール
**¿Puede esperarme aquí, por favor?**
　　　　　　私を待つ　　　　　ここで

## すぐに使えるフレーズ

☐ タクシー乗り場はどこですか。

ドンデ　　エスタ　ラ　パラーダ　デ　タクシス
**¿Dónde está la parada de taxis?**
～はどこですか　　　　　　タクシー乗り場

☐ A: この住所までお願いします。

ジェベメ　　ア　エスタ　ディレクシオン　　ポル　　ファボール
**-Lléveme a esta dirección, por favor.**
連れて行く　　　　この住所

☐ B: わかりました。

デ　　アクエルド
**-De acuerdo.**

☐ 時間はどのくらいかかりますか。

クアント　　　セ　　タルダ
**¿Cuánto se tarda?**
どのくらい　　時間がかかる

⇒「急いでいるんです」
Tengo prisa.［テンゴ プリサ］

☐ ここで止めてください。

パレ　　アキ　　ポル　　ファボール
**Pare aquí, por favor.**
止める　　ここで

⇒ pare は parar［パラール］（止まる）
の命令形（3人称単数）。

☐ 着きましたよ。

ジャ　エスタモス
**Ya estamos.**

☐ ありがとう。おつりはけっこうです。

グラシアス　　ケデセ　　　　コン　エル カンビオ
**Gracias. Quédese con el cambio.**
　　　　　　とっておく　　　　　　おつり

PART 4　すぐに話せる！スペイン旅行重要フレーズ

105

# 18 Lección 移動する〈鉄道・バス・地下鉄〉

## ショート対話

□ A: バレンシア行き1等を2枚ください。

　　　ドス　　ビジェーテス　エン　プリメーラ　　　パラ　　　バレンシア
-Dos billetes en primera para Valencia,
　　　チケット　　　　　　　　　1等

　　ポル　ファボール
por favor.

□ B: 片道ですか，往復ですか。

　　センシージョ　オ　デ　イーダ　イ　ブエルタ
-¿Sencillo o de ida y vuelta?
　　片道　　　　　　　　　　往復

□ A: 往復です。

　　デ　　イーダ　イ　ブエルタ
-De ida y vuelta.

### ■スペインの鉄道

関連表現・事項

スペイン国鉄は **RENFE**［レンフェ］**(Red Nacional de los Ferrocarriles Españoles)** と言います。近郊列車 **cercanías**［セルカニーアス］や中距離列車 **regionales**［レヒオナレス］，長距離列車 **grandes líneas**［グランデス リネアス］があります。日本の新幹線に相当する高速列車はスペイン語で鳥を意味する **AVE**［アベ］**(Alta Velocidad Española)** と呼ばれ，マドリード〜セリビアを2時間20分，マドリード〜バルセロナを2時間半で結びます。

## すぐに使えるフレーズ

### 【鉄道】

☐ 切符売り場はどこですか。

ドンデ　　エスタ　ラ　ベンタニージャ
**¿Dónde está la ventanilla?**
　どこですか　　　　　窓口

☐ 片道いくらですか。

クアント　　　クエスタ　　ウン　ビジェーテ　デ　イーダ
**¿Cuánto cuesta un billete de ida?**
　いくらかかる　　　　　　　　　行きの切符　　ida y vuelta（帰り）で「往復」

☐ 禁煙席をお願いします。

ウン　アシエント　パラ　ノ　フマドーレス　　ポル　ファボール
**Un asiento para no fumadores, por favor.**
　no がなければ「喫煙席」　　　　　禁煙席

☐ A: バレンシア行きの列車は何番線からでますか。

デ　ケ　アンデン　サレ　エル トレン　パラ　バレンシア
**-¿De qué andén sale el tren para Valencia?**
　　どのホームから　　　　　汽車　　　バレンシア行き

☐ B: 6番線からです。

デル　セイス
**-Del seis.**

☐ セリビアへ行くのはどの列車ですか。

ケ　　トレン　バ　ア　セビージャ
**¿Qué tren va a Sevilla?**
　どの列車　　　　行く

PART 4 すぐに話せる！スペイン旅行重要フレーズ

107

□ この列車はタラゴナに停まりますか。

エステ　トレン　パラ　エン　タラゴーナ
## ¿Este tren para en Tarragona?
この列車　　　　停まる　←動詞原形は parar

□ 荷物はどこに預けるんですか。

ドンデ　セ　デハ　エル　エキパッヘ
## ¿Dónde se deja el equipaje?
どこに　←「人は預ける」という主語を特定しない言い方

□ この席はどこですか。（指定席券を見せながら）

ドンデ　エスタ　エステ　アシエント
## ¿Dónde está este asiento?
どこですか　　　　　この座席

□ この席は空いていますか。

エスタ　リブレ　エステ　アシエント
## ¿Está libre este asiento?
　　　　自由　　　　この座席

□ ここに座ってもいいですか。

プエド　センタールメ　アキ
## ¿Puedo sentarme aquí?
〜してもいいですか　←「私自身を座らせる」→「座る」の意味の再帰動詞

□ 切符の変更ができますか。

プエド　カンビアール　エル ビジェーテ
## ¿Puedo cambiar el billete?
　　　　変更する　　　　切符

□ 予約をキャンセルできますか。

プエド　アヌラール　ラ　レセルバ
## ¿Puedo anular la reserva?
　　　　取り消す　　　　予約

☐ 食堂車はありますか。

アイ　バゴン　　レスタウランテ
## ¿Hay vagón-restaurante?
ある　　　　　食堂車

cocheとも言う。またカウンターだけのcafeteríaの場合もある。

☐ ちょっと通してください。

コン　　ペルミソ
## Con permiso.
　　　　許可

☐ 窓を開けてもいいですか。

プエド　　アブリール ラ　ベンターナ
## ¿Puedo abrir la ventana?
　　　　　開ける　　　　窓

☐ ここは何という駅ですか。

クアル　エス　エスタ　エスタシオン
## ¿Cúal es esta estación?
　　　　　　　　　この駅

☐ どのくらい停車しますか。

クアント　　ティエンポ　　パラ
## ¿Cuánto tiempo para?
どのくらいの時間　　　停車する

☐ あとどのくらいでトレドに着きますか。

クアント　　ファルタ　パラ　　ジェガール　ア　トレード
## ¿Cuánto falta para llegar a Toledo?
　　　　　　　　　　　　着くために

原形はfaltar（足りない）。直訳すると「トレドに着くのにどのくらい時間が足りないか」

PART 4　すぐに話せる！スペイン旅行重要フレーズ

109

## 【バス】

□ バスの路線図をください。

ウン　プラーノ　デ　ロス　アウトブセス　ポル　ファボール
**Un plano de los autobuses, por favor.**
　　　　　バスの路線図

□ A: バス停はどこですか。

ドンデ　　エスタ　ラ　パラーダ　　デ　アウトブス
**-¿Dónde está la parada de autobús?**
　～はどこですか　　　　　バス停

□ B: バス停は公園の向かい側です。

ラ　パラーダ　　エスタ　フレンテ　アル　パルケ
**-La parada está frente al parque.**
　停留所　　　　　　～の前　　　公園

□ A: どこからバスが出ますか。

デ　ドンデ　　サレ　エル アウトブス
**-¿De dónde sale el autobús?**
　どこから　　　バスが出発する

□ B: あそこから出ます。

サレ　デ　アイ
**-Sale de ahí.**　「ここ」は aquí、「あそこ」は allí
　　　あそこ

□ A: ありがとうございます。

グラシアス　　ムイ　アマーブレ
**-Gracias, muy amable.**
　　　　　　ご親切に

□ A: 次のグラナダ行きのバスは何時ですか。

アケ オラ サレ エル プロクシモ アウトブス
**-¿A qué hora sale el próximo autobús**
　　何時に　　　　出発する　　次のバス

パラ　グラナダ
**para Granada?**

□ B: 20 分後に出ます。

サレ　デントロ　デ　ベインテ　ミヌートス
**-Sale dentro de veinte minutos.**
出発する　～後に　　　　20　　　分

□ A: 降りますか。

バッハ　ウステ
**-¿Baja usted?**
　降りる　あなたは

□ B: はい，ここで降ります。

シー　バッホ　アキ
**-Sí, bajo aquí.**
　　　降りる　ここで

## ■「どこにあるか」の表現

～の前に　　**delante de**　［デランテ デ］
～の後ろに　**detrás de**　［デトラス デ］
～の脇に　　**al lado de**　［アル ラド デ］
ここから～メートルのところに
　　　　　**estar a ~ metros de aquí**　［エスタール ア ～ メトロス デ アキ］

PART 4 すぐに話せる！スペイン旅行重要フレーズ

## 【地下鉄】

☐ 地下鉄の路線図がありますか。

ティエネン　ウン　プラーノ　デル　メトロ
### ¿Tienen un plano del metro?
　持つ　　　　　　路線図　　　　　地下鉄

☐ 地下鉄の切符はどこで買えますか。

ドンデ　　セ　コンプラン　　ロス　ビジェテス　　デル　メトロ
### ¿Dónde se compran los billetes del metro?
　どこで　　　　　　買う　　　　　　　　地下鉄の切符

☐ A: 切符売り場はここですか。

セ　ベンデン　　　アキ　　ロス　ビジェテス
### -¿Se venden aquí los billetes?
　　売っている　　　　　　ここで　　　　切符

☐ B: はい，どうぞ。

シー　ディガメ
### -Sí, dígame.

⇒ dígame は直訳すると「私に言ってください」という命令形。

☐ 何時まで動いていますか。

アスタ　　ケ　　オラ　　アイ　セルビシオ
### ¿Hasta qué hora hay servicio?
　　何時まで　　　　　　　ある　　サービス

□ A: 乗り換えなければなりませんか。

テンゴ　ケ　アセール　トランスボルド
-¿Tengo que hacer transbordo?
　　　～しなければならない　　　　乗り換え

⇒地下鉄のアナウンスでは **correspondencia con línea** ～（～線との乗り換え）という場合があります。

□ B: いいえ，その必要はありません。

ノー　ノ　アセ　ファルタ
-No, no hace falta.
　　　　　　　　　　　hacer falta で「必要である」

□ B: はい，ソル駅で乗り換えます。

シィ　エン　ラ　エスタシオン　デ　ソル
-Sí, en la estación de Sol.
　はい　　　　　　　駅で

□ 一日パス券をください。

ウン　ビジェーテ　パラ　トード　エル　ディア　ポル　ファボール
**Un billete para todo el día, por favor.**
　　切符　　　　　　全日用の

⇒マドリードの場合，**Abono Turístico**［アボノ トゥリスティコ］と言い，バスと地下鉄に乗れます。1日券の他に2日・3日・5日・1週間のパスがあります。マドリードの中心ゾーン（Zona A）の1日パス券は5.20ユーロ（2009年3月現在）。アトーチャ駅やチャマルティン駅の地下鉄券売機で購入できます。このほか，地下鉄とバスに10回乗れる **Billete 10 Viajes**［ビジェーテ ディエス ビアッヘス］もあります。これも使用できるゾーンごとに料金が異なります。

□ 次の停車駅はどこですか？

クアル　エス　ラ　シギエンテ　エスタシオン
**¿Cuál es la siguiente estación?**
　　　　　　　　次の　　　　　　駅

PART 4

すぐに話せる！スペイン旅行重要フレーズ

113

# ■移動する

## ●タクシー

|  |  |
|---|---|
| タクシー | **taxi** (m) タクシ |
| タクシー乗り場 | **parada de taxis** パラーダ デ タクシス |
| 運転手 | **conductor** (-ra) コンドゥクトール（ラ） |
| 空車 | **"LIBRE"** (標示) リブレ |
| おつり | **cambio** (m) カンビオ |
| チップ | **propina** (f) プロピーナ |
| 角 | **esquina** (f) エスキーナ |
| 交差点 | **cruce** (m) クルーセ |
| 信号 | **semáforo** (m) セマフォロ |
| 右へ | **a la derecha** ア ラ デレーチャ |
| 左へ | **a la izquierda** ア ラ イスキエルダ |

## ●列車・鉄道

|  |  |
|---|---|
| 切符売り場 | **ventanilla** (f) ベンタニージャ |
| 運賃 | **precio** (m) プレシオ |
| 急行列車 | **tren expreso** (m) トレン エスプレソ |
| 高速列車（新幹線） | **AVE** (m) アベ (Alta Velocidad Española) アルタ ベロシダッ エスパニョーラ |
| 車両番号 | **número de coche** (m) ヌメロ デ コチェ |
| 食堂車 | **coche-restaurante** (m) コチェ レスタウランテ |
| 個室 | **compartimento** (m) コンパルティメント |
| 窓側 | **ventanilla** ベンタニージャ 〉無冠詞 |
| 通路側 | **pasillo** パシージョ |
| トイレ | **servicio** (m) セルビシオ |
| 直行の | **directo** ディレクト |
| 運転手 | **conductor (-ra)** コンドゥクトール（ラ） |

114

|  |  |
|---|---|
| 改札係 | **revisor (-ra)** レビソール（ラ） |
| 時刻表 | **horario** (m) オラリオ |

## ●地下鉄

|  |  |
|---|---|
| 地下鉄の地図 | **plano del metro** プラーノ デル メトロ |
| 地下鉄 | **metro** (m) メトロ |
| 地下鉄駅 | **estación de metro** エスタシオン デ メトロ |
| 改札口 | **puerta de entrada y salida** (f) プエルタ デ エントラーダ イ サリーダ |
| 切符 | **billete** (m) ビジェーテ |
| 1日券 | **billete para un día** ビジェーテ パラ ウン ディア |
| 回数券 | **bono** ボノ |
| 乗り換え | **transbordo** トランスボルド |
| プラットホーム | **andén** (m) アンデン |
| 地下鉄出口 | **boca de metro** ボカ デ メトロ |

## ●バス・自動車

|  |  |
|---|---|
| バス | **autobús** (m) アウトブス |
| バス停 | **parada de autobús** パラーダ デ アウトブス |
| 高速道路 | **autopista** (f) アウトピスタ |
| 料金 | **tarifa** (f) タリファ |
| 路線図 | **plano de líneas de autobús** (m) プラーノ デ リネアス デ アウトブス |
| 自動車 | **coche** (m) コチェ |
| レンタカー | **coche de alquiler** コチェ デ アルキレール |
| ガソリンスタンド | **gasolinera** (f) ガソリネラ |
| ガソリン | **gasolina** (f) ガソリーナ |
| 駐車場 | **aparcamiento** (m) アパルカミエント |
| 渋滞 | **atasco** (m) アタスコ |

# 19 Lección 宿泊する〈チェックイン〉

## ショート対話

□ A:（予約証を見せながら）こんにちは。予約してあるのですが。

　　　ブエナス　　　タルデス　　　テネモス　　エスタ　レセルバ
-**Buenas tardes. Tenemos esta reserva.**
　　　　　　　　　　　　　　　持つ　　　　　　この予約

□ B: はい，パスポートを見せていただけますか。

　　ムイ　　ビエン　　パサポルテ　　　ポル　ファボール
-**Muy bien. Pasaporte, por favor.**
　わかりました。　　　パスポート

□ B: お部屋は305号室です。

　　ス　アビタシオン　　エス　ラ　トレスシエントス　シンコ
-**Su habitación es la 305.**
　あなたの部屋　　　　　　　　　　　　la (habitación) 305

□ B: これが鍵です。

　　アキ　　ティエネ　ラ　ジャベ
-**Aquí tiene la llave.**
　ここに　持つ　　　鍵

### ■スペインの宿泊施設

**parador** (m)* ［パラドール］国営ホテル。修道院や城を改修した歴史的建築物と現代建築物がある。
**hotel** (m)* ［オテル］ホテル。宿泊客専用の出入口，エレベーター，階段を備えた施設。
**hostal** (m)* ［オスタル］オスタル。宿泊客専用のエレベーターや階段はないが10室20ベッド以上がある施設。
**pensión** (f)* ［ペンシオン］ペンシオン。ホテルやオスタルの要件に満たない宿泊施設。
**albergue** ［アルベルゲ］巡礼者用の宿舎。

＊は星 **estrella**［エストレージャ］の数でランク分けされ，数が多いほど高価

関連表現・事項

## すぐに使えるフレーズ

☐ 日本で予約しました。

エ　エチョ　ラ　レセルバ　　エン　ハポン
**He hecho la reserva en Japón.**
　　予約しました　　　　　　日本で

☐ これが確認証です。

エス　エル　コンプロバンテ
**Es el comprobante.**
　　　　確認証

☐ ダブルがいいですか，ツインがいいですか。

キエレン　　ウステデス　アビタシオン　　コン　カマ　ドブレ
**¿Quieren ustedes habitación con cama doble**
あなた方は望む　　　　　　部屋　　　　　　　ダブルベッド

オ　ドス　カマス
**o dos camas?**
または　ツインベッド

☐ 部屋に金庫はありますか。

アイ　カハ　デ　セグリダッ　　エン ラ　アビタシオン
**¿Hay caja de seguridad en la habitación?**
　　　金庫　　　　　　　　caja fuerte ［カハ フエルテ］ ともいう　部屋に

☐ 荷物を部屋へ運んでくださいますか？

プエデン　　スビール　エル エキパッヘ　ア ミ　アビタシオン
**¿Pueden subir el equipaje a mi habitación?**
　　　　　　　上げる　　　荷物を　　　　私の部屋に

☐ 日本語を話せる人はいますか。

アルギエン　アブラ　　ハポネス
**¿Alguien habla japonés?**
　だれか　　　話す　　日本語を

117

# Lección 20 宿泊する〈たずねる・確認する〉

## ショート対話

□ A: この街の市街図はありますか。

-¿Tienen un plano de la ciudad?

□ B: はい，これです。

-Sí, aquí tiene.

□ A: ホテルはどこにありますか。印をつけてもらえますか。

-¿Dónde está el hotel? ¿Puede marcarlo?

hotel を lo で受けて原形に直結させた形

□ B: はい，ここがホテルです。

-Sí, éste es el hotel.

## 関連表現・事項

□ 金庫の使い方がわかりません。

¿Cómo se usa la caja de seguridad?

- テレビ　televisor (m)　［テレビソール］
- リモコン　mando a distancia (m)　［マンド ア ディスタンシア］
- エアコン　aire acondicionado　［アイレ アコンディシオナード］
- インターネット　internet　［インテルネッ］

## すぐに使えるフレーズ

☐ A: 空港までの送迎サービスはありますか。

アイ　セルビシオ　デ　トランスポルテ　アル アエロプエルト
-¿Hay servicio de transporte al aeropuerto?
　　　　輸送のサービス　　　　　　　　　空港への

☐ B: はい，20分おきにあります。

シィ　カダ　　　ベインテ ミヌートス
-Sí, cada 20 minutos.
　　　〜毎に　　　分

☐ 朝食の場所はどこですか。

ドンデ　　セ　デサジュナ
¿Dónde se desayuna?
　　　　「人は朝食をとる」という主語を特定しない言い方

☐ 朝食は何時ですか。

ア　ケ　　オラ　　セ　プエデ　　デサジュナール
¿A qué hora se puede desayunar?
　　何時に　　　　　　　　　　　朝食をとる

☐ 部屋を変えてもらえますか。

ポドリーア　カンビアール　デ　アビタシオン
¿Podría cambiar de habitación?
　　　　変えてもらう　　　　　部屋

☐ インターネットを使える場所がありますか？

ティエネン　サラ　デ　インテルネッ
¿Tienen sala de internet?
　持つ　　部屋　　　インターネット

☐ もう一泊したいのですが。

キシエラ　　ケダールメ　　　ウナ　ノチェ　マス
Quisiera quedarme una noche más.
　　　　自分をそこに居させる　　　　もうひと晩

PART 4

すぐに話せる！スペイン旅行重要フレーズ

119

## 21 Lección 宿泊する〈ルームサービス〉

### ショート対話

□ A: どなたですか。
- ¿Quién es?
  キエン エス
  だれ

□ B: ルームサービスです。
- El servicio de habitaciones.
  エル セルビシオ デ アビタシオネス

□ A: ちょっと待って。
- Un momento, por favor.
  ウン モメント ポル ファボール

□ A: どうぞ，お入りください。
- Pase. Adelante.
  パセ アデランテ
  通る 進む

### 関連表現・事項

■モーニングコール

モーニングコールは **servicio despertador** [セルビシオ デスペルタドール]，**llamada despertador** [ジャマーダ デスペルタドール] などと言いますが，下のフレーズで十分通用します。

朝7時にモーニングコールをお願いします。
**¿Pueden llamarme a las 7 de la mañana?**
プエデン ジャマールメ ア ラス シエテ デラ マニャーナ

## すぐに使えるフレーズ

☐ A: もしもし，ルームサービスをお願いします。

オラ　　セルビシオ　　エン　ラ　アビタシオン　　　ポル　ファボール
-Hola. Servicio en la habitación, por favor.
　　　　　　　　　ルームサービス

☐ B: 何号室ですか。

ヌメロ　　　　デ　アビタシオン
-¿Número de habitación?
　番号　　　　　　部屋

☐ A: こちらは136号室です。

アキ　ラ　アビタシオン　　　シエント　トレエンタ　イ　セイス
-Aquí la habitación 136.

☐ コーヒーをお願いします。

ウン　カフェ　ポル　ファボール
Un café, por favor.

☐ できるだけ早くお願いします。

トライガメロ　　　クアント　アンテス　ポル　ファボール
Tráigamelo cuanto antes, por favor.
私にそれを持ってくる　できるだけ早く

☐ 服をクリーニングに出したいのですが。

ポドリーア　マンダール　アルゴ　ア　ラ　ラバンデリーア
¿Podría mandar algo a la lavandería?
　　　　　　命じる　　　　何かを　　　　クリーニングに

☐ いつ仕上がりますか。

クアンド　　エスタラ　　リスト
¿Cuándo estará listo?
　estarの未来形　　　　　用意のできた

PART 4

すぐに話せる！スペイン旅行重要フレーズ

121

# Lección 22 宿泊する〈クレーム・トラブル〉

## ショート対話

□ A：シャワーが使えません。

-No funciona la ducha.
　作動しない　　　　シャワー

□ A：だれか直しに来てもらえますか。

-¿Puede venir alguien a arreglarla?
　　　　来る　　誰か　　　　それを直しに

□ B：すぐ行きます。

-Sí, en seguida.
　　　すぐに

*ducha を la で受けています*

## ■鍵のトラブル

鍵 llave［ジャベ］は最近，カードキー tarjeta llave［タルヘータ ジャベ］が使われるようになりました。鍵関連のトラブルを表現するには次のような使い方があります。

| 鍵を閉める | cerrar con llave | ［セラール コン ジャベ］ |
| 鍵を忘れる | olvidar la llave | ［オルビダール ラ ジャベ］ |
| 鍵を失くす | perder la llave | ［ペルデール ラ ジャベ］ |
| ドアが開かない | No se abre la puerta. | ［ノ セ アブレ ラ プエルタ］ |

関連表現・事項

## すぐに使えるフレーズ

☐ 部屋に鍵を忘れてしまいました。

エ　オルビダード　ラ　ジャベ　エン ラ　アビタシオン
### He olvidado la llave en la habitación.
　　忘れてしまった　　　　鍵　　　　部屋に

☐ カードキーが使えません。

ラ　タルヘータ　ジャベ　ノ　フンシオーナ
### La tarjeta llave no funciona.
　　　カードキー　　　　作動しない

☐ タオルがひとりぶんしかありません。

ソロ　アイ　ウン　フエゴ　デ　トアジャス
### Sólo hay un juego de toallas.
　〜しかない　　　　ひと組　　　　タオル

☐ トイレが流れません。

ノ　コレ　エル アグア　デル　バーテル
### No corre el agua del váter.
　　流れない　　　水　　　　　便器

☐ お湯が出ないのですが。

ノ　サレ　アグア　カリエンテ
### No sale agua caliente.
　　出ない　　お湯　　　熱い

☐ 洗面所の排水管がつまっています。

エル デサグエ　デル　ラバボ　エスタ　オブストルイード
### El desagüe del lavabo está obstruido.
　　　排水管　　　　　洗面所　　　　　つまっている

☐ 部屋がうるさいのですが。

ラ　アビタシオン　エス ムイ　ルイドーサ
### La habitación es muy ruidosa.
　　　　　　　　　　　　　　　　うるさい

# 23 Lección 宿泊する〈チェックアウト〉

## ショート対話

□ A: チェックアウトは何時ですか。

　　ア　ケ　オラ　アイ　ケ　デハール　ラ　アビタシオン
-¿A qué hora hay que dejar la habitación?
　　何時に　　　　　〜しなければならない　手放す　部屋

□ B: 12時です。

　ア　ラス　ドセ
-A las doce.

□ A: チェックアウトをお願いします。

　プレパレメ　　　　　ラ　クエンタ　　ポル　ファボール
-Prepáreme la cuenta, por favor.
　私に準備する　　　　　勘定書

□ B: はい，少々お待ちください。

　シィ　ウン　モメント
-Sí, un momento.
　　　　　　一瞬

### 関連表現・事項

■チェックアウトの清算書
・日付：**fecha** [フェチャ]
・摘要：**descripción** [デスクリプシオン]
　　ミニバーの使用料（**servicio minibar** [セルビシオ ミニバル]）
　　電話代（**teléfono** [テレフォノ]）
・付加価値税：**IVA** [イバ] 消費税に相当。
・合計：**total** [トタール]
・現金支払い：**efectivo** [エフェクティボ]
・カード支払い：**tarjeta de crédito** [タルヘータ デクレディト]

## すぐに使えるフレーズ

☐ クレジットカードで払いたいのですが。

キシエラ　　　　パガール　　　コン　　タルヘータ　デ　クレディト
**Quisiera pagar con tarjeta de crédito.**
〜したいのですが　支払う　　　　　　カードで

⇒「現金で払う」は pagar en efectivo。

☐ もう支払済です。

ジャ　　エスタ　　パガード
**Ya está pagado.**
すでに　　　　　支払ってある

☐ 領収書をもらえますか。

プエデ　　　　ダールメ　　　エル レシーボ
**¿Puede darme el recibo?**
〜していただけますか　私に与える　領収書

☐ この荷物を5時まで預かってもらえますか。

ポドリーア　　グアルダール　ミ　　エキパッヘ　　アスタ　　ラス　シンコ
**¿Podría guardar mi equipaje hasta las cinco?**
　　　　　　預ける　　　　私の荷物　　　　　　5時まで

☐ タクシーを呼んでください。

プエデ　　ジャマール　ウン　タクシ　　ポル　ファボール
**Puede llamar un taxi, por favor.**
　　　　　呼ぶ　　　　　タクシー

☐ とても楽しく過ごしました。

ア　　シド　　ウナ　　エスタンシア　　ムイ　　アグラダブレ
**Ha sido una estancia muy agradable.**
　　　　　　　　　滞在　　　　　たいへん気持ちのよい

## ■ホテルで

|  |  |  |  |
|---|---|---|---|
| ホテル | **hotel** (m) オテル | 階段 | **escalera** (f) エスカレーラ |
| 予約 | **reserva** (f) レセルバ | ポーター | **mozo** (m) モソ |
| 予約する | **reservar** レセルバール | チップ | **propina** (f) プロピーナ |
| 予約確認 | **confirmación de la reserva** (f) コンフィルマシオン デ ラ レセルバ | 非常口 | **salida de emergencia** (f) サリーダ デ エメルヘンシア |
| 部屋 | **habitación** (f) アビタシオン | 地下 | **sótano** (m) ソタノ |
| 鍵 | **llave** (f) ジャベ | 1階 | **planta baja** (f) プランタ バハ |
| カードキー | **tarjeta llave** (f) タルヘータ ジャベ | 2階 | **primer piso** (m) プリメール ピソ |
| 部屋番号 | **número de habitación** ヌメロ デ アビタシオン | ベッド | **cama** (f) カマ |
| 到着 | **llegada** (f) ジェガーダ | 金庫 | **caja de seguridad** (f) カハ デ セグリダッ |
| 出発 | **salida** (f) サリーダ | テレビ | **televisor** (m) テレビソール |
| 受付 | **recepción** (f) レセプシオン | リモコン | **mando a distancia** マンド ア ディスタンシア |
| エレベーター | **ascensor** (m) アセンソール | コンセント | **enchufe** (m) エンチュフェ |
| | | ミニバー | **minibar** (m) ミニバール |

126

|  |  | |  |  |
|---|---|---|---|---|
| タオル | **toalla** (f) トアージャ | | クリーニング | **lavandería** ラバンデリーア |
| ドライヤー | **secador** (m) セカドール | | ドライクリーニング | **limpieza en seco** リンピエサ エン セコ |
| 故障 | **avería** (f) アベリーア | | 室料 | **precio de la habitación** プレシオ デ ラ アビタシオン |
| トイレ | **servicio** (m) セルビシオ | | 飲食代 | **consumo de bebida y comida** コンスーモ デ ベビーダ イ コミーダ |
| トイレットペーパー | **papel higiénico** (m) パペル イヒエニコ | | 会計 | **cuenta** (f) クエンタ |
| 食堂 | **comedor** (m) コメドール | | 勘定書 | **factura** (f) ファクトゥラ |
| 朝食 | **desayuno** (m) デサジュノ | | 領収書 | **recibo** (m) レシーボ |
| 昼食 | **comida** (f) コミーダ | | | |
| 夕食 | **cena** (f) セナ | | | |
| 朝食つき | **desayuno incluido** デサジューノ インクルイード | | | |
| ルームサービス | **servicio de habitación** セルビシオ デ アビタシオン | | | |
| 部屋の清掃 | **limpieza** (f) リンピエサ | | | |

PART 4 すぐに話せる！スペイン旅行重要フレーズ

# 24 Lección 食べる 〈入店する〉

## ショート対話

- □ B: 何名様ですか。
  - -¿Cuántas personas son?
    何人

- □ A: 2人です。
  - -Somos dos.
    2人

- □ A: 空いているテーブルはありますか。
  - -¿Hay alguna mesa libre?
    ある　何らかの　テーブル　空いている

- □ B: はい，どうぞこちらへ。
  - -Sí, pasen por aquí.
    通ってください　こちらへ

## 関連表現・事項

### ■テラスが良い？　中がよい？

テラス席で夕食をなさいますか？
**¿Quieren cenar en la terraza?**

en la terraza の代わりに dentro（中で）fuera（外で）と聞かれることもあります。

はい，そうします。　　いいえ，中で。
**Sí, por favor.**　　**No. Preferimos dentro.**

## すぐに使えるフレーズ

☐ A: 予約してあります。

テネモス　　　ウナ　　メサ　　　レセルバーダ
**-Tenemos una mesa reservada.**
持つ　　　　　　　　　予約したテーブル

☐ B: どなたのお名前ですか。

ア　ノンブレ　　デ　　キエン
**-¿A nombre de quién?**
　　名前　　　　　誰の

☐ A: 山田一郎の名前でです。

デ　　イチロ　　　ヤマダ
**-De Ichiro Yamada.**

☐ ただいま満席です。

エスタン　　トーダス　　ラス　メサス　　オクパーダス
**Están todas las mesas ocupadas.**
　　　　　　　　全席　　　　ふさがった

☐ コートを預かってもらえますか。

プエデン　　　　グアルダールノス　　ロス　アブリーゴス
**¿Pueden guardarnos los abrigos?**
　　　　　　私たちから預かる　　　　　コート

※私ひとりの場合は guardarme、コートではなく荷物などなら esto

☐ 窓際の席をお願いします。

ウナ　　メサ　　アル　ラド　デ　ラ　ベンターナ　　ポル　　ファボール
**Una mesa al lado de la ventana, por favor.**
　　テーブル　　　　　　　　窓際の

☐ 禁煙席をお願いします。

ケレモス　　　　エン　ラ　ソナ　　デ　ノ　　フマドーレス
**Queremos en la zona de no fumadores.**
〜を望む　　　　　　　　　　　　　　禁煙席

PART 4
すぐに話せる！スペイン旅行重要フレーズ

129

# Lección 25 食べる〈飲み物を注文する〉

## ショート対話

☐ A: 何をお飲みになりますか。

-¿Para beber?
　ために　　飲む

☐ B: シェリー酒をお願いします。

-Yo, un jerez, por favor.
　　　　　　　シェリー酒

☐ C: 私も。

-Yo también.
　〜もまた

## ■スペインの食事時間と飲食店

スペイン人の昼食は午後2時から4時くらい，夕食は午後9時以降です。レストラン **restaurante**［レスタウランテ］はこれに合わせて開くので注意が必要。食事時間に関係なく朝から夜遅くまで開いているのがバル **bar**［バル］で，コーヒーや紅茶，ビール，ちょっとしたおつまみも食べられます。カフェテリア **cafetería**［カフェテリーア］は日本の喫茶店に相当しますが，アルコール類もあります。夜になると居酒屋 **mesón**［メソン］，**taberna**［タベルナ］が人で賑わいます。

## すぐに使えるフレーズ

□ワインリストを見せてください

<ruby>プエデ</ruby> <ruby>ダールメ</ruby> <ruby>ラ</ruby> <ruby>カルタ</ruby> <ruby>デ</ruby> <ruby>ビノス</ruby>
### ¿Puede darme la carta de vinos?
私に与える　　　　　ワインリスト

□スペインのワインはどれですか？

クアレス　　ソン　　ビノス　　エスパニョーレス
### ¿Cuáles son vinos españoles?
スペイン・ワイン

□ハウスワインはありますか？

アイ　ビノ　デ　ラ　カサ
### ¿Hay vino de la casa?
ハウスワイン

□生ビールがほしいです。

ウナ　　カーニャ　　ポル　　ファボール
### Una caña, por favor.
瓶ビールは cerveza

□ガスなしのミネラルウォーターをください。

アグア　ミネラル　シン　ガス　ポル　ファボール
### Agua mineral sin gas, por favor.
ミネラルウォーター　　　　　ガス入りは con gas

■さまざまな飲み物

| | | | |
|---|---|---|---|
| 白ワイン | **vino blanco** ビノ ブランコ | シードル | **sidra** シドラ |
| 赤ワイン | **(vino) tinto** ビノ ティント | ビール | **cerveza** セルベサ |
| ロゼ | **(vino) rosado** ビノ ロサード | シェリー | **jerez** ヘレス |
| 発泡ワイン | **espumoso** エスプモーソ | 清涼飲料 | **refrescos** レフレスコス |
| サングリア | **sangría** サングリーア | | |

PART 4 すぐに話せる！スペイン旅行重要フレーズ

# 26 Lección 食べる〈食べ物を注文する〉

## ショート対話

□ A: 第一のお皿は何になさいますか。

ケ　　バ　ア　トマール　　デ　　プリメーロ
**-¿Qué va a tomar de primero?**
　　何を　　食べる　　　　　　第一として

□ B: 第一のお皿はミックスサラダを。

デ　　プリメーロ　　　　エンサラーダ　　ミスタ
**-De primero, ensalada mixta.**
　　　　　　　　　　　　　　　　　ミックスサラダ

□ A: 第二のお皿は。

イ　デ　セグンド
**-¿Y de segundo?**

□ B: 子牛のステーキを。

フィレテ　　デ　テルネラ
**-Filete de ternera.**
ステーキ　　　子牛の

## ■第一のお皿と第二のお皿

レストランのメニュー **carta** [カルタ] は，第一のお皿 **primer plato** [プリメール プラート] と第二のお皿 **segundo plato** [セグンド プラート] に分かれます。第一のお皿はスープ **sopa** [ソパ] や野菜料理 **platos de verdura** [プラートス デ ベルドゥラ]，第二のお皿は肉 **carne** [カルネ] や魚 **pescado** [ペスカード] の料理。第一のお皿の前に前菜 **entremeses** [エントレメセス] がくる場合もあり，またメニューの最後にはデザート **postre** [ポストレ] があります。飲み物のメニューはワインリスト **carta de vino** [カルタ デ ビノ] が別に用意されます。

関連表現・事項

## すぐに使えるフレーズ

☐ すみません，注文をお願いします。

オイガ　　ポル　　ファボール　キシエラモス　　　　ペディール
**Oiga, por favor. Quisiéramos pedir.**
すみません　　　　　　　　　　　└─ querer の丁寧表現

☐ 今日の定食をお願いします。

エル　メヌー　　デル　ディア　ポル　ファボール
**El menú del día, por favor.**
　　　　　　　本日の定食

☐ おすすめ料理はどれですか。

ケ　　　プラート　メ　　レコミエンダ
**¿Qué plato me recomienda?**
　　どの料理　　　　私にすすめる

☐ 土地の名物料理はありますか。

ティエネン　　プラートス　ティピコス　デ　エスタ　レヒオン
**¿Tienen platos típicos de esta región?**
　　　　　　　名物料理　　　　　　この地方の

☐ この料理はどんなですか

コモ　　　エス エステ　プラート
**¿Cómo es este plato?**
└─ 煮込みかフライかなどの調理法を尋ねる言い方

☐ 何が入っているんですか。

ケ　　　ジェバ　エステ　プラート
**¿Qué lleva este plato?**
　　　　持つ　　この料理

☐ 量は多いですか。

エス　ムーチャ　　カンティダッ
**¿Es mucha cantidad?**
　　　多い　　　　量

PART 4

すぐに話せる！スペイン旅行重要フレーズ

133

# ■料理関連の単語

## ●テーブル周り

|  |  |  |
|---|---|---|
| 皿 | **plato** (m) | プラート |
| ナイフ | **cuchillo** (m) | クチージョ |
| フォーク | **tenedor** (m) | テネドール |
| スプーン | **cuchara** (f) | クチャーラ |
| ナプキン | **servilleta** (f) | セルビジェータ |
| コップ | **vaso** (m) | バソ |
| グラス | **copa** (f) | コパ |
| 盃 | **cuenco** (m) | クエンコ |
| ジョッキ | **jarra** (f) | ハラ |
| 瓶 | **botella** (f) | ボテージャ |

## ●代表的な料理とデザート

スペイン風オムレツ
**tortilla española** (f)
トルティージャ　エスパニョーラ

コロッケ　**croqueta** (f)
クロケータ

ハモン　**jamón** (m)
ハモン

チョリソ　**chorizo** (m)
チョリーソ

ガスパチョ　**gazpacho** (m)
ガスパチョ

コンソメ　**consomé** (m)
コンソメ

魚介スープ **sopa de mariscos**
ソパ　デ　マリスコス

サラダ　**ensalada** (f)
エンサラーダ

ポテトサラダ **ensalada rusa** (f)
エンサラーダ　ルサ

パエリャ　**paella** (f)
パエージャ

イカスミのパエリャ
**arroz negro** (m)
アロース　ネグロ

イカのリング揚げ
**calamares fritos** (m.pl)
カラマーレス　フリートス

ガリシア風タコ
**pulpo a la gallega**
プルポ　ア　ラ　ガジェーガ

| | | | |
|---|---|---|---|
| ビーフステーキ | **bistec** (m)<br>ビステク | にんにく風味の | **al ajillo**<br>アル アヒージョ |
| 肉団子 | **albóndigas** (f.pl)<br>アルボンディガス | 酢漬けの | **en vinagre**<br>エン ビナーグレ |
| マドリード風煮込み<br>　　**cocido madrileño** (m)<br>　　コシード　マドリレーニョ | | レアで | **poco hecho**<br>ポコ　エチョ |
| プリン | **flan** (m)<br>フラン | ミディアムで | **normal**<br>ノルマル |
| シャーベット | **sorbete** (m)<br>ソルベーテ | ウエルダンで | **bien hecho**<br>ビエン　エチョ |
| アイスクリーム | **helado** (m)<br>エラード | | |

●調味料

| | |
|---|---|
| 塩 | **sal** (f)<br>サル |
| コショウ | **pimienta** (f)<br>ピミエンタ |
| 砂糖 | **azúcar** (m)<br>アスーカル |
| 酢 | **vinagre** (m)<br>ビナーグレ |
| オリーブ油 | **aceite de oliva**<br>アセイテ　デ　オリーバ |

お米のミルク煮
　　**arroz con leche**
　　アロース　コン　レチェ

●調理方法

| | |
|---|---|
| 鉄板焼きした | **a la plancha**<br>ア ラ　プランチャ |
| フライにした | **frito**<br>フリート |
| 煮込んだ | **cocido**<br>コシード |

PART 4　すぐに話せる！スペイン旅行重要フレーズ

## 【テーブルで】

☐ おいしそうですね。

**Tiene buena pinta.**
<small>ティエネ ブエナ ピンタ</small>
外見が良い

☐ これは何という料理ですか。

**¿Cómo se llama este plato?**
<small>コモ セ ジャマ エステ プラート</small>

se llama →「人は〜と呼ぶ」と主語を特定しない言い方

☐ A: この肉は何ですか。

**-¿De qué es esta carne?**
<small>デ ケ エス エスタ カルネ</small>

De → 材料を示す de　　esta carne → この肉

☐ B: 豚肉です。

**-De cerdo.**
<small>デ セルド</small>

De → 材料を示す de

☐ 塩をとっていただけますか。

**¿Puede pasarme la sal, por favor?**
<small>プエデ パサールメ ラ サル ポル ファボール</small>

pasarme → 私によこす　　テーブルに持ってきてもらう場合は traerme

136

- [ ] パエリャの味はどうですか。

**¿Qué tal la paella?**
ケ　タル　ラ　パエージャ
パエリア

- [ ] とってもおいしいです。

**Está muy buena.** ⇒ **paella** が女性名詞なので女性形。
エスタ　ムイ　ブエナ
子豚の丸焼き cochinillo asado など男性名詞の場合は bueno

- [ ] もうおなかがいっぱいです。

**Ya estoy lleno.**
ジャ　エストイ　ジェノ
すでに　　　　満ちた ― 話し手が女性の場合は llena

## 【確認する】

□ 頼んだものがまだこないのですが。

**No me han servido aún.**
ノ　メ　アン　セルビード　アウン
私にサービスしていない　　まだ

□ これは頼んでいません。

**No he pedido esto.**
ノ　エ　ペディード　エスト
注文していない　　これを

□ スプーンを落としてしまいました。

**Otra cuchara, por favor.**
オトラ　クチャーラ　ポル　ファボール
他のスプーン

## 【デザート】

□ デザートは何がありますか。

**¿Qué tienen de postre?**
ケ　ティエネン　デ　ポストレ
何　持っている　デザートとして

□ おすすめは何ですか。

**¿Qué me aconseja?**
ケ　メ　アコンセッハ
何を　私に助言する

□ 自家製プリンがあります。

テネモス　　フラン　デ　ラ　カサ
**Tenemos flan de la casa.**
　　　　　　プリン　　　自家製の

□ 私にはミルク入りコーヒーだけを。

パラ　ミ　ソロ　ウン　カフェ　コン　レチェ
**Para mí, sólo un café con leche**
　　　　　　～だけ

□ A: ほかにご注文は？

　デセーア　アルゴ　マス
**-¿Desea algo más?**
　望む　　　他にもっと

□ B: いいえ，これでけっこうです。

　ノ　グラシアス　　エスタ　ビエン
**-No, gracias. Está bien.**

□ ごちそうさま。（おいしくいただきました）

エ　コミード　　ムイ　ア　グスト
**He comido muy a gusto.**
～しました　食べる　とても　好み

□ A: お料理はいかがでしたか。

　ケ　タル　ラ　コミーダ
**-¿Qué tal la comida?**
　　　　　　　食事

□ B: とってもおいしかったです。

　メ　ア　グスタード　　ムーチョ
**-Me ha gustado mucho.**
　　私は気に入った　　たいへん

139

## ■食材

### ●野菜 verduras (f, pl)
ベルドゥラス

| 日本語 | スペイン語 | カナ |
|---|---|---|
| 米 | **arroz** (m) | アロース |
| ナス | **berenjena** (f) | ベレンヘーナ |
| トマト | **tomate** (m) | トマーテ |
| キュウリ | **pepino** (m) | ペピーノ |
| レタス | **lechuga** (f) | レチューガ |
| ジャガイモ | **patata** (f) | パタータ |
| タマネギ | **cebolla** (f) | セボージャ |
| マッシュルーム | **champiñón** (m) | チャンピニョオン |
| 赤ピーマン | **pimienta roja** (f) | ピミエンタ ロハ |
| アボガド | **aguacate** (m) | アグアカテ |

### ●果物 frutas (f, pl)
フルータス

| 日本語 | スペイン語 | カナ |
|---|---|---|
| オレンジ | **naranja** (f) | ナランハ |
| リンゴ | **manzana** (f) | マンサナ |
| ブドウ | **uva** (f) | ウバ |
| イチゴ | **fresa** (f) | フレーサ |
| 洋ナシ | **pera** (f) | ペラ |
| 桃 | **melocotón** (m) | メロコトーン |
| メロン | **melón** (m) | メローン |
| スイカ | **sandía** (f) | サンディーア |

● 肉　　　　**carne** (f)
　　　　　　カルネ

サーロイン　**solomillo** (m)
　　　　　　ソロミージョ

子豚　　　　**cochinillo** (m)
　　　　　　コチニージョ

子羊　　　　**cordero** (m)
　　　　　　コルデーロ

鶏肉　　　　**pollo** (m)
　　　　　　ポジョ

● 魚介類　**marisco** (m)
　　　　　マリスコ
　　　　**(pescados y mariscos)**
　　　　ペスカードス　イ　マリスコス

イワシ　　**sardina** (f)
　　　　　サルディーナ

イカ　　　**calamar** (m)
　　　　　カラマール

マグロ　　**atún** (m)
　　　　　アトゥン

タラ　　　**bacalao** (m)
　　　　　バカラオ

タコ　　　**pulpo** (m)
　　　　　プルポ

小エビ　　**camarón** (m)
　　　　　カマロン

エビ　　　**gamba** (f)
　　　　　ガンバ

ムール貝　**mejillón** (m)
　　　　　メヒジョン

アサリ　　**almeja** (f)
　　　　　アルメッハ

PART 4　すぐに話せる！スペイン旅行重要フレーズ

141

# 27 Lección 食べる〈支払い〉

### ショート対話

□ A: お勘定をお願いします。

ラ　クエンタ　　ポル　ファボール
-**La cuenta, por favor.**
　　　勘定

□ B: すぐにお持ちします。

エンセギーダ　　　ラ　トライゴ
-**Enseguida la traigo.**
ただちに　　　　　　　　cuenta（女性名詞）を la で受けています

□ A: 全部でおいくらですか。

クアント　　　エス　トード
-**¿Cuánto es todo?**
　　いくら　　　　　全部

□ B: 60 ユーロです。

ソン　　セセンタ エウロス
-**Son 60 euros.**

## 関連表現・事項

### ■数字と小数点

日本の1銭に相当する金額がユーロにはあります。セント **céntimo**［センティモ］と言い，**1 euro ＝ 100 céntimos** です。

たとえば **6** ユーロ **50** セントは **€6,50** と書き，読みは［セイス コン シンクエンタ エウロス］または，［セイス エウロス コン シンクエンタ センティモス］となります。

日本では小数点はピリオド（.）ですが，スペイン語ではコンマ（,）で書くので注意が必要です。

142

## すぐに使えるフレーズ

☐ A: クレジットカードで支払えますか。

プエド　　パガール　　コン　　タルヘータ　　デ　　クレディト
### -¿Puedo pagar con tarjeta de crédito?
〜してもいいですか　　支払う　　　　　　　　　クレジットカードで

☐ B: ええ，もちろん。

シィ　クラーロ
### -Sí, claro.
　　　もちろん

☐ この料理は注文しませんでした。

ノ　　エモス　　　ペディード　　エステ　　プラート
### No hemos pedido este plato.
　　注文していない　　　　　　この料理

☐ 計算が違います。

パレセ　　　ケ　　ラ　クエンタ　　エスタ　　マル
### Parece que la cuenta está mal.
〜と思える　　　　勘定が違っている

☐ おつりが違います。

エル　カンビオ　　エスタ　マル
### El cambio está mal.
　　おつりが　　　　　　違う

☐ 領収書をください。

エル　レシーボ　　ポル　ファボール
### El recibo, por favor.
　　領収書

# 28 Lección バル／ファストフード

### ショート対話

## 【バル】

□ 生ビールを2つください。

ドス　カーニャス　ポル　ファボール
**Dos cañas, por favor.**

□ A: ここに座ってもいいですか。

プエド　　　センタールメ　　　アキ　　　再帰動詞で
**¿Puedo sentarme aquí?** 「私を座らせる」→「座る」
〜してもいいですか　座る　　　ここに

□ B: ええ，お座りください。

シィ　シエンテセ
**Sí, siéntese.**
　　　座る sentarse の usted に対する命令形

□ 魚フライをひと皿ください。

ウナ　ラシオン　デ　ペスカードス　フリートス　ポル　ファボール
**Una ración de pescados fritos, por favor.**

---

### 関連表現・事項

■ バルで料理を注文するとき

バル bar [バル] のメニューでは，お皿のおおきさによって，**tapa** [タパ] と **ración** [ラシオン] があります。**tapa** は一人用の小皿，**ración** は数人用。**una ración** [ウナ ラシオン] では多いかなと思う場合はその半分を **media ración** [メディア ラシオン] と言って注文します。

たとえば，カウンターで見て，「これを半皿」とたのむ場合は，
**Media ración de esto, por favor.**　と言います。

## すぐに使えるフレーズ

## 【ファストフード】

☐ ハンバーガーとコーヒーをください。

<small>ウナ　　アンブルゲサ　　　　　イ　ウン　カフェ　　ポル　　ファボール</small>
**Una hamburguesa y un café, por favor.**
<small>　　　ハンバーガー　　　　　　と　　　コーヒー</small>

☐ このセットをください。

<small>エステ　　プラート　　コンビナード　　　　ポル　　ファボール</small>
**Este plato combinado, por favor.**
<small>　この　　　　セット料理</small>

☐ ケチャップはありますか。

<small>アイ　　ケチュプ</small>
**¿Hay ketchup?**
<small>ありますか　ケチャップ</small>

☐ ここで食べます。

<small>パラ　　コメール　　アキ</small>
**Para comer aquí.**
<small>　　食べる用に　　ここで</small>

☐ 持ち帰ります。

<small>パラ　　ジェバール</small>
**Para llevar.**
<small>持っていく用に</small>

PART 4　すぐに話せる！スペイン旅行重要フレーズ

145

# 29 Lección ショッピング〈入店する〉

## ショート対話

□ A: いらっしゃいませ，何かお探しですか。

　オラ　　　ケ　　デセア
**-Hola. ¿Qué desea?**
　　　　　　何　　望む

□ B: 靴を買いたいのですが。

　キエロ　　　コンプラール　　ウノス　　サパートス
**-Quiero comprar unos zapatos.**
　〜したいのですが　　買う　　　　　　　　靴　　　　靴は左右あるので
　　　　　　　　　　　　　　　　　　　　　　　　　必ず複数形

□ B: ちょっと見ているだけです。ありがとう。

　ソロ　　エストイ　　ミランド　　　　グラシアス
**-Sólo estoy mirando. Gracias.**
　〜だけ　　　　　　見ている

### 関連表現・事項

■ いろいろな店の名前

| | | | |
|---|---|---|---|
| 店 | **tienda** (f)<br>ティエンダ | 書店 | **librería** (f)<br>リブレリーア |
| 百貨店 | **grandes almacenes** (m,pl)<br>グランデス　アルマセネス | 文房具店 | **papelería** (f)<br>パペレリーア |
| スーパー | **supermercado** (m)<br>スペルメルカード | 靴店 | **zapatería** (f)<br>サパテリーア |
| 市場 | **mercado** (m)<br>メルカード | 宝石店 | **joyería** (f)<br>ホジェリーア |
| コンビニ | **tienda de 24 horas** (f)<br>ティエンダ デ ベインティクアトロ オラス | 花屋 | **florestería** (f)<br>フロリステリーア |

## すぐに使えるフレーズ

☐ 衣料品売り場はどこですか。

ドンデ　　セ　　ベンデン　　ロパス
### ¿Dónde se venden ropas?
　　　　　　　　　　　衣類

*ropasの代わりに、libros（書籍）, cosméticos（化粧品）などを入れられます。*

☐ あそこの靴を見せてもらえますか。

プエデ　　エンセニャールメ　　エソス　　サパートス　　デ　アイ
### ¿Puede enseñarme esos zapatos de ahí?
　　私に見せてもらえるか　　　　　　それらの靴　　　　あそこの

☐ その緑のブラウスを見たいのですが。

キシエラ　　ベール　エサ　　ブルーサ　　ベルデ
### Quisiera ver esa blusa verde.
　　　　　　　　　そのブラウス　　緑の

☐ 何かおみやげにいいものがありますか。

アイ　　アルグン　　スベニール　　デ　ラ　シウダッ
### ¿Hay algún souvenir de la ciudad?
　なにかありますか　お土産　　　　　　　この町の

☐ 何時まで開いていますか？

アスタ　　ケ　　オラ　　エスタ　　アビエルト
### ¿Hasta qué hora está abierto?
　　　　何時まで　　　　　　　　開いた状態

## ■色

| 赤 | **rojo (-ja)** ロホ（ハ） | 紫 | **morado (-da)** モラード（ダ） |
| 白 | **blanco (-ca)** ブランコ（カ） | ピンク | **rosa** ロサ |
| 青 | **azul** アスール | 黒 | **negro (-ra)** ネグロ（ラ） |
| 黄 | **amarillo (-lla)** アマリージョ（ジャ） | グレー | **gris** グリース |
| 緑 | **verde** ベルデ | ベージュ | **beis (beige)** ベイス　ベイジ |

PART 4　すぐに話せる！スペイン旅行重要フレーズ

147

# 30 Lección ショッピング〈品物選び〉

## ショート対話

□ A: 何色がよろしいですか。〈靴店で〉

　デ　ケ　　コロール
-¿De qué color?

□ B: 茶色です。

　マロン
-Marrón.

□ A: サイズはいくつですか。

　ケ　ヌメロ　　カルサ　ウステ
-¿Qué número calza usted?

靴や手袋のサイズ。衣類には talla [タジャ] を使います

□ B: 38 です

　エル トレインタ　イ オチョ
-El treinta y ocho.

### ■いろいろな衣類

|  |  |
|---|---|
| ブラウス | **blusa** (f) ブルーサ |
| ワンピース | **vestido** (m) ベスティード |
| スカート | **falda** (f) ファルダ |
| パンツ | **pantalones** (m,pl) パンタロネス |
| Tシャツ | **camiseta** (f) カミセタ |
| ジーンズ | **vaqueros** (m,pl) バケーロス |
| ネクタイ | **corbata** (f) コルバータ |
| Yシャツ | **camisa** (f) カミーサ |
| ジャケット | **chaqueta** (f) チャケータ |
| ベルト | **cinturón** (m) シントゥロン |
| ストッキング | **medias** (f,pl) メディアス |

関連表現・事項

## すぐに使えるフレーズ

☐ ブルーのワンピースがほしいのですが。

キエロ　　　ウン　ベスティード　デ　コロール　アスール
### Quiero un vestido de color azul.
　ほしい　　　　　ワンピース　　　　　　　青色の

☐ 試着してもいいですか。

プエド　　　　プロバールメロ
### ¿Puedo probármelo?
　　　　　　それを試着する

probarme で「私に試着させる」→「試着する」という再帰動詞。lo は男性名詞 vestido を受けたもの。falda や chaqueta など女性名詞の場合は probármel**a**

☐ サイズが合いません。

ノ　エス　ミ　タジャ
### No es mi talla.

☐ 大きすぎます。

エス　デマシアード　　　グランデ
### Es demasiado grande. ⇒「少し大きい」ならば un poco grande
　　　かなり　　　　　　大きい

☐ もっと小さいのはありますか。

アイ　ウナ　タジャ　マス　ペケーニャ
### ¿Hay una talla más pequeña?
　ある　　　　サイズ　　　　もっと小さい

☐ ぴったりです（私のサイズです）。

ペルフェクト　　パラ　　ミ
### Perfecto para mí.
　パーフェクト　　　私にとって

PART 4　すぐに話せる！スペイン旅行重要フレーズ

149

□ 素材は何ですか。

デ ケ マテリアル エス
## ¿De qué material es?
材料を表す de

□ 絹です。

デ セダ
## De seda.
絹でできた

□ ほかの色はありますか。

アイ エン オトロ コロール
## ¿Hay en otro color?
他の色のもの

□ ハンドメイドですか。

エスタ エチョ ア マノ
## ¿Está hecho a mano?
手製の

□ どっちが私に似合いますか。

クアル メ ケダ メホール
## ¿Cuál me queda mejor? ⇒ quedar bien も「似合う」の意味
より良く似合う

■さまざまな素材

| | | | |
|---|---|---|---|
| 絹 | **seda** (f) セダ | 毛皮 | **piel** (f) ピエル |
| ウール | **lana** (f) ラナ | 皮革 | **cuero** (m) クエロ |
| 木綿 | **algodón** (m) アルゴドン | バックスキン | **ante** (m) アンテ |
| 麻 | **lino** (m) リノ | 合成皮革 | **piel sintética** (f) ピエル シンテティカ |
| 合成繊維 | **fibra sintética** (f) フィブラ シンテティカ | | |

□ あまり気に入りません。

ノ　メ　グスタ　ムーチョ
## No me gusta mucho.
すきではない　　それほど

□ これにします。

メ　ケド　コン　エスト
## Me quedo con esto.

con以下のものを「自分のものにする」という再帰動詞。買い物場面で非常によく使うので覚えておくと便利。

□ ちょっと考えさせてください。

ボイ　ア　ペンサール　ウン　ポコ
## Voy a pensar un poco.
考えます　　　　　　　少し

□ また来ます。

ボルベレ　オトラ　ベス
## Volveré otra vez.
volverの未来形

### ■さまざまな形容詞

| 大きい | grande グランデ | 高い | alto (-ta) アルト（タ） |
| --- | --- | --- | --- |
| 小さい | pequeño (-ña) ペケーニョ（ニャ） | 低い | bajo (-ja) バホ（ハ） |
| 長い | largo (-ga) ラルゴ（ガ） | 幅の広い | ancho (-cha) アンチョ（チャ） |
| 短い | corto (-ta) コルト（タ） | 幅の狭い | estrecho (-cha) エストレーチョ（チャ） |

PART 4

すぐに話せる！スペイン旅行重要フレーズ

# 31 Lección ショッピング〈支払い〉

## ショート対話

□ A: その陶器はいくらですか。

クアント　　クエスタ　　エサ　セラミカ
-¿Cuánto cuesta esa cerámica?
　　⇒いくつか買い物をして合計額をたずねる場合は **¿Cuánto es?**

□ B: 25ユーロです。

ベインティシンコ　エウロス
-25 euros.

□ A: レジはどこですか。

ドンデ　　エスタ　ラ　カハ
-¿Dónde está la caja?
　〜はどこですか　　　　レジ

□ B: こちらでどうぞ。

ポル　アキ　　ポル　ファボール
-Por aquí, por favor.
　このあたり

## 関連表現・事項

日本と同じようにスペインでも夏（7月〜8月）と冬（1月〜2月）に大バーゲンがあります。以下の語はすべて「バーゲン」の意味。この看板やポスターを見かけたら、いざ直行！

**REBAJA**　**DESCUENTO**
レバッハ　　デスクエント
**SALE**　**SALDO**　**LIQUIDACIÓN**
セイル　　サルド　　リキダシオン

## すぐに使えるフレーズ

☐ お勘定をお願いします。（買いたいものを出しながら）

エスト　ポル　ファボール
**Esto, por favor.**

☐ つり銭が違います。

ラ　ブエルタ　エスタ　エキボカーダ
**La vuelta está equivocada.**
　おつり　　　　　　　間違っている

☐ 袋をいただけますか。

ポドリーア　ダールメ　ウナ　ボルサ
**¿Podría darme una bolsa?**
　└ Puedeよりも丁寧　└ meがあるので「私に与える」の意味

☐ プレゼント用に包んでください。

ポドリーア　エンボルベールロ　パラ　レガーロ
**¿Podría envolverlo para regalo?**
　　　　　それを包む　　　　　プレゼント用に

loがあるので「それを包む」の意味。faldaやcerámicaなどの女性名詞を受ける場合はenvolverla

☐ 少し安くなりませんか。

メ　アセ　ウン　デスクエント
**¿Me hace un descuento?**
　　　　　　　　　　値引きを

☐ 安くしてくれたら買いますよ。

シ　メ　アセ　デスクエント　メ　ロ　ケド
**Si me hace descuento, me lo quedo.**
　└「もし〜なら」と条件を表す接続詞

☐ 返品したいのですが。

キシエラ　デボルベールロ
**Quisiera devolverlo.**
　└ Quieroよりも丁寧　└ 返品したいものがfaldaなど女性名詞の場合はdevolverla

153

# 32 Lección 市場で

### ショート対話

□ A: オレンジを1キロとアボガドを2つください。全部でいくらですか。

ウン キロ デ ナランハス イ ドス アグアカテス ポル ファボール
**-Un kilo de naranjas y dos aguacates, por favor.**

クアント エス エン トタル
**¿Cuánto es en total?**

□ B: 5.60 ユーロです。

ソン シンコ コン セセンタ
**-Son cinco con sesenta.**

□ A: ごめんなさい、小銭がありません。

ロ シエント ノ テンゴ スエルト
**-Lo siento, no tengo suelto.**
　　すみません　　持っていない　小銭

□ B: 大丈夫ですよ。

ノ セ プレオクーペ
**-No se preocupe.**

túに対してならば No te preocupes.
フレーズとして覚えてしまいましょう。

---

### ■市場にある店の名前

| 八百屋 | **verdulería** (f) ベルドゥレリーア | 鳥肉店 | **pollería** (f) ポジェリーア |
| 果物屋 | **frutería** (f) フルテリーア | 卵店 | **huevería** (f) ウエベリーア |
| 肉屋 | **carnicería** (f) カルニセリーア | パン屋 | **panadería** (f) パナデリーア |
| 魚屋 | **pescadería** (f) ペスカデリーア | チーズ店 | **quesería** (f) ケセリーア |

関連表現・事項

## すぐに使えるフレーズ

☐ ニンジンを2本ください。

**Dos zanahorias, por favor.**

☐ アジを4尾ください。

**Cuatro jureles, por favor.**

☐ このチーズを250グラムください。

**Un cuarto de kilo de este queso, por favor.**

☐ バゲットを1本ください。

**Una barra, por favor.**

バゲットの数え方。pistola とも言います。

### ■買いものの単位

| | | |
|---|---|---|
| 1キロ | **un kilo de patatas** | （じゃがいも） |
| 500グラム | **medio kilo de cebollas** | （タマネギ） |
| 250グラム | **un cuarto de kilo de jamón de York** | （ヨークハム） |
| 1ダース | **una docena de huevos** | （卵） |
| 半ダース | **media docena de huevos** | |
| ひとつかみ | **un manojo de espinacas** | （ほうれんそう） |

155

# 33 Lección 道をたずねる

## ショート対話

☐ A: すみません，道に迷ったのですが。

ペルドーネ　メ　エ　ペルディード
**-Perdone, me he perdido.**

⇒ **perderse** は再帰動詞で「自分自身を失う」→「道に迷う」

☐ B: どこへ行かれるんですか。

ア　ドンデ　　キエレ　　イール
**-¿A dónde quiere ir?**
　　どこへ　　　　　行きたい

☐ A: この住所へはどう行けばいいですか。

コモ　セ　バ　ア　エスタ　ディレクシオン
**-¿Cómo se va a esta dirección?**
どのように　　　「人は行く」の意味で主語を特定しない言い方

☐ B: 遠いですね。タクシーのほうがいいでしょう。

エスタ　レッホス　メホール　エン　タクシ
**-Está lejos. Mejor en taxi.**　⇒近い場合は **Está cerca.**
　　　　　　　　〜の方が良い　　　　地下鉄でなら **en metro**

---

### ■通りの名前と番地

**関連表現・事項**

スペインの通りは一般に **calle** [カジェ] と言いますが，幅が広くなるにつれて **paseo** [パセオ] や **avenida** [アベニーダ] とも呼ばれます。これらの通りにはすべて名前がついていて，建物にもすべて番号がついているので，通り名と番地さえわかればその住所にたどり着けます。通りの左右で，番地が奇数と偶数に分かれます。また番号が大きい方へは **subir** [スビール]（上る），小さい方へ向かうときは **bajar** [バハール]（下る）という動詞を使います。

## すぐに使えるフレーズ

☐ A: スペイン広場はどこかご存知ですか。

　　　サベ　　　ドンデ　　エスタ　ラ　プラサ　　デ　　エスパーニャ
**-¿Sabe dónde está la Plaza de España?**
　　知っているか　どこにあるか　　　　　　スペイン広場

☐ B: そのあたりを右へ行ったところです。

　　ポル　アイ　　ア　ラ　デレーチャ
**-Por ahí, a la derecha.**
　　そのあたり　　　　右へ

> por は「〜のあたり」を表わす前置詞。話者との距離に応じてここ aquí, そこ ahí, あそこ allí と使い分けます。

☐ A: プラド美術館へはどうやって行けばいいですか。

　　コモ　　　セ　バ　アル ムセオ　　デル　プラド
**-¿Cómo se va al Museo del Prado?**
　　どのように　　人は行く　　　　プラド美術館

☐ B: つきあたりを左へ行ったところです。

　　アル フォンド　　ア ラ　イスキエルダ
**-Al fondo, a la izquierda.**
　　つきあたり　　　　左へ

☐ 王宮はこの近くですか。

　　エル パラシオ　　レアル　エスタ セルカ　デ　アキ
**¿El Palacio Real está cerca de aquí?**
　　　王宮　　　　　　　　　　　　　この近くに

☐ アトーチャ駅まで遠いですか。

　　ラ　エスタシオン　デ　アトーチャ　エスタ　レホス
**¿La estación de Atocha está lejos?**
　　　　駅　　　　　　　　　　　　　　　遠い

PART 4　すぐに話せる！スペイン旅行重要フレーズ

☐ どのくらい時間がかかりますか。

クアント　セ　タルダ
**¿Cuánto se tarda?**

「人は〜時間がかかる」の意味で，主語を特定しない言い方

☐ 歩いて行けますか。

セ　プエデ　イール　アンダンド
**¿Se puede ir andando?**

ir+現在分詞で「〜しながら行く」

☐ 地図に印をつけてもらえますか。

ポドリーア　マルカールロ　エン エル マパ
**¿Podría marcarlo en el mapa?**

地図に　　aで終わるが男性名詞

☐ この通りは何という名前ですか。

コモ　セ　ジャマ　エスタ　カジェ
**¿Cómo se llama esta calle?**

この通り

### ■道をおしえる

| 通り | **calle** (f) カジェ | 右へ | **a la derecha** アラ デレーチャ |
| --- | --- | --- | --- |
| 信号 | **semáforo** (m) セマフォロ | 左へ | **a la izquierda** アラ イスキエルダ |
| 角 | **esquina** (f) エスキーナ | つきあたりに | **al fondo** アル フォンド |
| 交差点 | **cruce** (m) クルーセ | 〜に沿って | **a lo largo de** アロ ラルゴ デ |
| まっすぐ | **todo recto** トード レクト | | |

- [ ] この通りはどこに出ますか。

ア　ドンデ　　ジェバ　エスタ　カジェ
### ¿A dónde lleva esta calle?
　　　　どこへ　　　通じる　　　　llevar a で「〜へ通じる」

- [ ] あの大きな建物は何ですか。

ケ　エス　アケル　　エディフィシオ　グランデ
### ¿Qué es aquel edificio grande?
　　　　　　あそこの　　　　建物　　　大きな

- [ ] この近くに銀行はありますか。

アイ　　アルグン　バンコ　　セルカ　　デ　　アキ
### ¿Hay algún banco cerca de aquí?
　　　　何らかの　　　銀行　　　　　この近くに

後ろが男性単数名詞なので algún

- [ ] 今日，開いている店はありますか。

アイ　　アルグナ　　ティエンダ　アビエルタ　オイ
### ¿Hay alguna tienda abierta hoy?
　　　　何らかの　　　　店　　　　開いた　　　今日

後ろが女性名詞なので alguna
女性名詞 tienda に一致して女性形 abierta

- [ ] バルがある区域はどこですか。

ドンデ　エスタ　ラ　ソナ　　デ　バレス
### ¿Dónde está la zona de bares?
　　　　　　　　　　　　区域　　　　バルの

### ■町なかにあるもの

| 公園 | **parque** (m) パルケ | 教会 | **iglesia** (f) イグレシア |
| 広場 | **plaza** (f) プラサ | 大聖堂 | **catedral** (f) カテドラル |
| 噴水 | **fuente** (f) フエンテ | 郵便局 | **oficina de correos** オフィシーナ デ コレオス |
| ロータリー | **glorieta** (f) グロリエータ | 市場 | **mercado** (m) メルカード |
| キオスク | **quiosco** (m) キオスコ | 警察 | **policía** (f) ポリシーア |

PART 4　すぐに話せる！スペイン旅行重要フレーズ

159

# Lección 34 観光案内所で

## ショート対話

□ A: 無料の市街地図はありますか。

アイ　アルグン　プラーノ　デ　ラ　シウダッ　　グラティス
-¿Hay algún plano de la ciudad gratis?
　ある　何らかの　　　　　　　市街図　　　　無料の

□ B: はい，これです。

シィ　アキ　　ティエネ
-Sí, aquí tiene.
　　　ここに　ある

□ A: 日本語のパンフレットはありますか。

ティエネン　フォジェトス　エン　ハポネス
-¿Tienen folletos en japonés?
　　　　　　パンフレット　　　日本語の

□ B: いいえ，スペイン語と英語だけです。

ノ　ソロ　エン　カステジャーノ　エ　イングレス
-No, sólo en castellano e inglés.
本来はyだが，後ろの語がi-, hi-の場合はeに変わる

⇒ castellano
「カスティリア語」
（「スペイン語」と
ほぼ同義）

### ■観光案内所

観光案内所は **Oficina de Turismo**［オフィシーナ デ トゥリスモ］と言い，空港や鉄道駅，主要都市の観光地に設けられています。⑴のマークが付いているのですぐにわかります。無料のパンフレットや地図があり，美術館や博物館の休館日や開館時間を教えてくれます。また，周辺部の観光コースなども紹介してくれます。

関連表現・事項

## すぐに使えるフレーズ

☐ 近くに観光案内所はありますか。

アイ　　アルグナ　　オフィシーナ　デ　トゥリスモ　　セルカ
**¿Hay alguna oficina de turismo cerca?**
　ありますか　　　　　　　観光案内所　⇒旅行代理店ならば **agencia de viaje**

☐ パンフレットをいただけますか。

プエド　　ジェバールメ　　ウン　　フォジェート
**¿Puedo llevarme un folleto?**
　　　　　「〜を自分に持っていく」→「〜を持っていく」という再帰動詞

☐ 見どころを教えていただけますか。

ケ　　　ルガーレス　　デ　　インテレス　　アイ
**¿Qué lugares de interés hay?**
　　　　どんな場所　　　　　面白い　　　　ある

☐ このパンフレットをご覧ください。

エスタン　エン　エル　フォジェート
**Están en el folleto.**
　　　　　　　　パンフレットに

☐ フラメンコを見に行きたいのですが。

キシエラ　　イール ア ベール フラメンコ
**Quisiera ir a ver flamenco.**
　　　**quiero ir** よりも丁寧な表現

☐ フラメンコ観賞の入ったツアーはありますか。

アイ　　アルグン　　トゥール　コン　　フラメンコ
**¿Hay algún tour con flamenco?**
　　　　　　　　ツアー　　　フラメンコのついた
　　**tour** が男性単数なので **alguno → algún**

PART 4　すぐに話せる！スペイン旅行重要フレーズ

□ ツアーはいくらかかりますか。

クアント　　クエスタ　　エル レコリード
## ¿Cuánto cuesta el recorrido?
　いくら　　　　　　　　　ツアー

□ ツアーは何時間ですか。

クアンタス　　オラス　　ドゥーラ　エル レコリード
## ¿Cuántas horas dura el recorrido?
　　　　　何時間　　　　　原形は durar（継続する）

□ 何時にどこに行けばよいですか。

クアンド　　イ ドンデ　　ノス　　レウニモス
## ¿Cuándo y dónde nos reunimos?
**nos reunimos** ⇒「自分たちを集まらせる」→「集まる」という再帰動詞

□ 美術館は今，開いていますか。

エスタ　アビエルト　エル ムセオ　　アオラ
## ¿Está abierto el museo ahora?
　開いた状態　　　　美術館　　　今

□ 何時まで開いていますか。

アスタ　ケ　オラ　　エスタ　　アビエルト
## ¿Hasta qué hora está abierto?
　　何時まで　　　　　　開いた状態

□ 今日は開いていますか。

エスタ　アビエルト　オイ
## ¿Está abierto hoy?
　　　開いた　　　今日

☐ A: この近くによいホテルがありますか。

アイ　アルグン　オテル　レコメンダブレ　　セルカ　デ　アキ
-¿Hay algún hotel recomendable cerca de aquí?
　　　　　　何らかのホテル　おすすめの　　　　　この近く

☐ B: 星の数でいうとどのくらいの？

デ　　クアンタス　　エストレージャス
-¿De cuántas estrellas?
　　　　　　　　　　星

☐ A: 3つ星くらいで。

デ　トレス　エストレージャス
-De tres estrellas.

☐ B: ではこのホテルをおすすめします。

エントンセス　　レ　レコメンンダモス　　エステ　オテル
-Entonces, le recomendamos este hotel.
　それでは　　　あなたに　すすめる　　　　　このホテル

☐ グラナダ行きの列車の時刻表はありますか。

ティエネン　エル オラリオ　　デル　トレン　パラ　グラナダ
¿Tienen el horario del tren para Granada?
　　　　　　列車の時刻表　　　　　　グラナダ行きの

☐ ここでセルビアのホテルの予約はできますか。

プエド　　レセルバール　デスデ　　アキ　ウン　オテル　デ　セビージャ
¿Puedo reservar desde aquí un hotel de Sevilla?
　　　　予約する　　　　　　　ここから　　　セビージャのホテル

PART 4

すぐに話せる！スペイン旅行重要フレーズ

163

# 35 Lección 美術館・博物館

## ショート対話

□ A: 入口はどこですか。
　　　ドンデ　　エスタ　ラ　エントラーダ
-¿Dónde está la entrada?
　　　　　　　　　　　入口　→出口は salida

□ B: あちらにあります。
　　エスタ　ポル　アジャ
-Está por allá.
　　　　　あっちの方

□ A: 荷物を預けられますか。
　　プエド　　デハール　ミ　　エキパッヘ
-¿Puedo dejar mi equipaje?
　　　　　　置いておく　　私の荷物

□ B: 向こうにロッカーがあります。
　　ラ　　コンシグナ　　エスタ　アイ
-La consigna está ahí.
　　ロッカー　　　　　ある　　向こうに

### 関連表現・事項

■ 開館時間など

**Horario: de 9.00 a 20.00, de martes a domingos**
（開館時間：火曜〜日曜　9時〜20時）

**Cerrado: todos los lunes**（休館日：すべての月曜日）

**Tarifas**（料金）

　　**General:€8**（一般：8ユーロ）

## すぐに使えるフレーズ

☐ 入場料はいくらですか。

<ruby>クアント</ruby> <ruby>クエスタ</ruby> <ruby>ラ</ruby> <ruby>エントラーダ</ruby>
### ¿Cuánto cuesta la entrada?
　いくら　　　　　　　　入場券

☐ 無料のパンフレットはありますか。

<ruby>ティエネン</ruby> <ruby>フォジェトス</ruby> <ruby>グラティス</ruby>
### ¿Tienen folletos gratis?
　　　　　　　パンフレット　無料の

☐ 日本語の音声ガイドはありますか。

<ruby>アイ</ruby> <ruby>ギア</ruby> <ruby>アウディティバ</ruby> <ruby>エン</ruby> <ruby>ハポネス</ruby>
### ¿Hay guía auditiva en japonés?
　　　案内　音声の　　　　　　日本語の

☐ ゴヤの絵はどこにありますか。

<ruby>ドンデ</ruby> <ruby>エスタン</ruby> <ruby>ロス</ruby> <ruby>クアドロス</ruby> <ruby>デ</ruby> <ruby>ゴヤ</ruby>
### ¿Dónde están los cuadros de Goya?
　　　　　　　　　　　額縁　　　　　　ゴヤ

☐ 少し休憩したい。

<ruby>キエロ</ruby> <ruby>センタールメ</ruby> <ruby>ウン</ruby> <ruby>ポコ</ruby>
### Quiero sentarme un poco.
　　　座りたい　　　　　　　少し

sentarme ⇒「自分自身を座らせる」→「座る」という再帰動詞

☐ ショップはどこですか。

<ruby>ドンデ</ruby> <ruby>エスタ</ruby> <ruby>ラ</ruby> <ruby>ティエンダ</ruby> <ruby>デル</ruby> <ruby>ムセオ</ruby>
### ¿Dónde está la tienda del museo?

PART 4 すぐに話せる！スペイン旅行重要フレーズ

# Lección 36 写真を撮る

### ショート対話

□ A: ここで写真をとってもいいですか。

-¿Está permitido sacar fotos aquí?
　　　許されている　　　写真を撮ること　　ここで

□ B: ええ，いいですよ。

-Sí, adelante.
　　　どうぞ

□ A: フラッシュを使ってもいいですか。

-¿Se puede usar flash?
　　　　　　使う

se + usar は「人は使う」という主語を特定しない言い方

□ B: いいえ，フラッシュは使えません。

-No, no se puede usar.

## 関連表現・事項

### ■写真を撮るとき

| もっと近くへ | **Más cerca.** [マス セルカ] |
| もっと遠くへ | **Más lejos.** [マス レッホス] |
| もっと左へ | **Más a la izquierda.** [マス ア ラ イスキエルダ] |
| もっとくっついて | **Pónganse más juntos.** [ポンガンセ マス フントス] 友達同士なら Poneos. |
| チーズ！ | **Patata.** [パタータ] |

## すぐに使えるフレーズ

☐ ここでビデオをとってもいいですか。

セ　　プエデ　　　トマール　　ビデオ
### ¿Se puede tomar vídeo?
　　　　　　　　　　撮る　　　　ビデオ

☐ 一緒に写真に入っていただけますか。

ポドリーア　　トマールセ　　　ウナ　　フォト　　コンミーゴ
### ¿Podría tomarse una foto conmigo?
〜していただけますか　　　　写真に入る　　　　　　私と一緒に

☐ あなたの写真を撮ってもいいですか。

プエド　　　サカールレ　　ウナ　　フォト
### ¿Puedo sacarle una foto?
　　　　　　あなたを撮る

☐ 私の写真を撮っていただけますか。

ポドリーア　　サカールメ　　ウナ　　フォト
### ¿Podría sacarme una foto?
　　　　　　　　私の写真を撮る

☐ シャッターを押すだけです。

ソロ　　　プルセ　　エル　ボトン
### Sólo pulse el botón.
　ただ　　　押す　　　　シャッター

☐ もう一度，お願いします。

オトラ　　ベス　　ポル　ファボール
### Otra vez, por favor.
　　もう一度　　　　お願いします

PART 4

すぐに話せる！スペイン旅行重要フレーズ

167

# 37 Lección 観劇・観戦

## ショート対話

□ A: 当日券はありますか。

アイ　エントラーダス　パラ　オイ
**-¿Hay entradas para hoy?**
～はありますか　入場券　～のための　今日

□ B: 申し訳ありませんが，売り切れました。

ロ　シエント　エスタン　アゴターダス
**-Lo siento, están agotadas.**

□ A: 開演は何時ですか。

ア ケ　オラ　エンピエサ　エル エスペクタクロ
**-¿A qué hora empieza el espectáculo?**
　何時に　　始まる　　　　ショー

□ B: 7時です。

ア ラス　シエテ
**-A las siete**

---

### 関連表現・事項

■感動や怒りの表現

| ブラボー！ | **¡Bravo!** ブラーボ | アンコール！ | **¡Otra, otra!** オトラオトラ |
| すばらしい | **Muy bien.** ムイ ビエン | 引っ込め | **¡Fuera!** フエーラ |
| | **Excelente.** エクセレンテ | ひどい！ | **¡Uh!** ウー |
| | **Magnífico.** マグニフィコ | | |

## すぐに使えるフレーズ

☐ 今評判の映画は何ですか。

ケ　　　ペリクラ　　　ティエネ　　エクシト　　アオラ
**¿Qué película tiene éxito ahora?**
　　　どの映画　　　　　　　成功した　　　今

☐ チケットはいくらですか。

クアント　　　　クエスタ　　ラ　エントラーダ
**¿Cuánto cuesta la entrada?**

☐ 異なる料金の席があるのですか。

アイ　デ　　ディフェレンテス　　プレシオス
**¿Hay de diferentes precios?**
　　　　　　　　異なる　　　　　　料金

☐ いいえ，全席同じ料金です。

ノー　　ソン　　トードス　　イグアレス
**No. Son todos iguales.**
　　　　　　　　全部　　　　同じ

☐ はい，10ユーロと15ユーロの席があります。

シィ　アイ　デ　ディエス イ デ　キンセ エウロス
**Sí, hay de 10 y de 15 euros.**
　　　　　hay (entradas) de 10 (euros) のこと

☐ 入場券を2枚ください。

ドス　　エントラーダス　　ポル　　ファボール
**Dos entradas, por favor.**
　2　　　入場券

PART 4

すぐに話せる！スペイン旅行重要フレーズ

169

☐ ワンドリンク付です。

エスタ　インクルイーダ　ウナ　コンスミシオン
**Está incluida una consumición.**
　　　　含まれている　　　　　　酒一杯

☐ プログラムをいただきたいのですが。

メ　ダン　ウン　プログラマ　　ポル　ファボール
**¿Me dan un programa, por favor?**
　私に　与える　　　プログラム

☐ ショーは何時に始まりますか。

ア　ケ　　オラ　　エンピエサ　　エル エスペクタクロ
**¿A qué hora empieza el espectáculo?**
　　　何時に　　　始まる　⇒「終わる」termina(← terminar)

☐ 歌い手はだれですか。

キエン　　カンタ
**¿Quién canta?**
　誰が　　　歌う


## ■フラメンコ用語

|  |  |  |  |
|---|---|---|---|
| タブラオ | **tablao** *(m)*<br>タブラオ | サパテアード | **zapateado** *(m)*<br>サパテアード |
| 歌い手 | **cantaor (-ra)**<br>カンタオール（ラ） | かけ声 | **jaleo** *(m)*<br>ハレオ |
| ギタリスト | **guitarrista**<br>ギタリスタ | 手拍子 | **palmas** *(f, pl)*<br>パルマス |
| 踊り手 | **bailaor (-ra)**<br>バイラオール（ラ） | カスタネット | **palillos** *(m, pl)*<br>パリージョス |

☐ 今日はサッカーの試合がありますか。

アイ　パルティード　デ　フッボル　オイ
**¿Hay partido de fútbol hoy?**
　ある　　試合　　　　　サッカー　　今日

☐ 対戦チームはどこですか。

キエネス　　フエガン
**¿Quiénes juegan?**
　誰が　　　プレーする　　動詞原形は *jugar*

☐ 私はレアル・マドリードのファンです。

ソイ　アフィシオナード　アル レアル　マドリッ
**Soy aficionado al Real Madrid.**
　　　愛好家　⇒フラメンコ愛好家 aficionado(-da) al flamenco

☐ 今日は闘牛がありますか。

アイ　コリーダ　デ　トロス　オイ
**¿Hay corrida de toros hoy?**
　ある　　　闘牛　　　　　　今日

☐ チケットはどこで買えますか。

ドンデ　ポデモス　コンセギール　エントラーダス
**¿Dónde podemos conseguir entradas?**
　どこで　　　　　　手に入れる　　入場券

☐ 闘牛は何時間かかりますか。

クアント　ドゥラ　ラ　コリーダ
**¿Cuánto dura la corrida?**
　どのくらい　続く　　闘牛

PART 4

すぐに話せる！スペイン旅行重要フレーズ

# 38 Lección 両替する

## ショート対話

□ A: 2万円をユーロに両替したいのですが。

キエロ　　　カンビアール　　ベインテ ミル ジェネス　エン エウロス
-Quiero cambiar 20.000 yenes en euros.
　　　両替する　　　　　　　　　　円　　　　ユーロに

□ B: パスポートをお願いします。

パサポルテ　　　　ポル　ファボール
-Pasaporte, por favor.
パスポート

> 日本語では 20,000 と 3桁の区切りはコンマですが、スペインではピリオド。中南米では日本と同じく「,」を使う国もあります。

□ A: 為替レートはいくらですか。

コモ　　エスタ　エル カンビオ
-¿Cómo está el cambio?
どんな風　　　　為替

□ B: 1ユーロ 130円です。

ア　シエントトレインタ ジェネス エル エウロ
-A 130 yenes el euro.
130円　　　　　　　　1ユーロ

### 関連表現・事項

■各国の通貨

日本：**yen** ［ジェン］, 米国・エクアドル：**dólar** ［ドラル］,
スペイン：**euro** ［エウロ］, ブラジル：**real** ［レアル］,
ベネズエラ：**bolívar** ［ボリーバル］,
メキシコ・アルゼンチンなど：***peso** ［ペソ］

ペソを使う国が多いので，後ろに国名をつけて peso mexicano ［ペソ メヒカーノ］, peso argentino ［ペソ アルヘンティーノ］, peso cubano ［ペソ クバーノ］ などとします。

## すぐに使えるフレーズ

☐ 両替所はどこですか。

ドンデ　　プエド　　カンビアール　　ディネロ
**¿Dónde puedo cambiar dinero?**
どこで〜できますか　　　　両替する

☐ 銀行は開いていますか。

エスタ　　アビエルト　　エル バンコ
**¿Está abierto el banco?**
　　開いている状態　　　銀行

☐ これをユーロに交換したいのですが。

キエロ　　カンビアール　　エスト　　エン　エウロス
**Quiero cambiar esto en euros.**
〜したい　　替える　　　これ　　　ユーロに

☐ 小銭も混ぜてください。

コン　　アルグナス　　モネーダス　　ポル　　ファボール
**Con algunas monedas, por favor.**
　小銭を一緒に

☐ 小額のお札をください。

エン　ビジェーテス　　ペケーニョス　　ポル　　ファボール
**En billetes pequeños, por favor.**
　　お札　　　　小さい

☐ 計算がちがっていませんか。

ノ　　エスタ　　エキボカーダ　　ラ　クエンタ
**¿No está equivocada la cuenta?**
　　　　まちがっている　　　　　勘定

PART 4

すぐに話せる！スペイン旅行重要フレーズ

173

## 39 Lección 郵便局で

### ショート対話

□ B: この小包を日本に送りたいのですが。

　キエロ　　　マンダール　　エステ　パケーテ　　ア　ハポン
**-Quiero mandar este paquete a Japón.**
　～したい　　　送る　　　　この　　小包　　　日本に

□ A: 中身は何ですか。　　　　A: 中に何が入っていますか。

　ケ　　コンティエネ　　　　　　ケ　　アイ　　デントロ
**-¿Qué contiene?**　　**-¿Qué hay dentro?**
　何　　入っている　　　　　　　何　　ある　　中に

□ B: みやげものです。

　ソン　ウノス　レクエルドス
**-Son unos recuerdos.**
　　　　いくつかの　　みやげもの

### 関連表現・事項

■日本へ絵葉書を出すなら

絵葉書 **tarjeta postal**［タルヘータ ポスタル］は街角のキオスク **quiosco**［キオスコ］やみやげもの店 **tienda de souvenir**［ティンダ デ スベニール］のほか，美術館や博物館でも売っています。切手 **sello**［セジョ］は郵便局 **oficina de correos**［オフィシーナ デ コレオス］のほかにエスタンコ **estanco**［エスタンコ］というタバコ店でも買えます。切手を貼ったらポスト **buzón**［ブソン］に投函。ポストは街角にもありますが，郵便局のポストに投函するのが一番確実です。

174

## すぐに使えるフレーズ

☐ ポストはどこにあるかご存知ですか。

<u>サベ</u>　<u>ドンデ</u>　<u>アイ</u>　<u>ウン ブソン</u>
**¿Sabe dónde hay un buzón?**
知っている どこ　　　ある　　　ポスト

☐ 郵便局は何時に開きますか。

<u>ア ケ</u>　<u>オラ</u>　<u>アブレ</u>　<u>ラ</u>　<u>オフィシーナ</u>　<u>デ</u>　<u>コレオス</u>
**¿A qué hora abre la oficina de correos?**
　　何時に　　　　開く　　　　　郵便局

☐ これを日本に出したいのですが。

<u>キエロ</u>　<u>エンビアール</u>　<u>エスト</u>　<u>ア ハポン</u>
**Quiero enviar esto a Japón.**
〜したい　　送る　　　　これを　　日本に

☐ 1ユーロの切手を1枚ください。

<u>ウン</u>　<u>セージョ</u>　<u>デ</u>　<u>ウン</u>　<u>エウロ</u>　<u>ポル</u>　<u>ファボール</u>
**Un sello de un euro, por favor.**
　　　切手　　　　　1ユーロ

⇒中南米では切手を **estampilla** という国もあります。

☐ これを日本へ送る分の切手を1枚ください。

<u>デメ</u>　<u>ウン</u>　<u>セージョ</u>　<u>パラ</u>　<u>エンビアール</u>　<u>エスト</u>　<u>ア ハポン</u>
**Deme un sello para enviar esto a Japón.**
私にください　切手　　　　送るための　　　　これを　　日本へ

☐ 速達にしてください。

ポル　コレオ　　　ウルヘンテ　　ポル　ファボール
**Por correo urgente, por favor.**
　　　└ 手段を表わす por

☐ 航空便でお願いします。

ポル　アビオン　　ポル　ファボール
**Por avión, por favor.**
航空便で　　└ 船便なら barco

☐ 日本には何日くらいで着きますか。

クアント　　ティエンポ　　タルダ　　エン　ジェガール　ア　ハポン
**¿Cuánto tiempo tarda en llegar a Japón?**
どのくらいの時間　　　　かかる　　　届くのに　日本へ

☐ この小包を書留にしてください。

キエロ　　マンダール　エステ　パケーテ　　　ポル　コレオ
**Quiero mandar este paquete por correo**
〜したい　送る　　　　　この小包

セルティフィカード
**certificado.**
書留で

☐ こわれものです。

エス　フラヒル
**Es frágil.**

# ■両替・郵便

## ●両替

|  |  |
|---|---|
| 両替所 | **oficina de cambio** オフィシーナ デ カンビオ |
| 銀行 | **banco** (m) バンコ |
| 外国通貨 | **moneda extranjera** (f) モネダ エストランヘラ |
| 両替 | **cambio** (m) カンビオ |
| 手数料 | **comisión** (f) コミシオン |
| 紙幣 | **billete** (m) ビジェーテ |
| コイン | **moneda** (f) モネーダ |
| 小銭 | **suelto** (m) スエルト |

## ●郵便

|  |  |
|---|---|
| 郵便局 | **oficina de correos** オフィシーナ デ コレオス |
| 郵便ポスト | **buzón** (m) ブソン |
| 手紙 | **carta** (f) カルタ |
| 切手 | **sello** (m) セジョ |
| 速達の | **urgente** ウルヘンテ |
| 書留の | **certificado** セルティフィカード |
| 封筒 | **sobre** (m) ソブレ |
| 絵ハガキ | **tarjeta postal** (f) タルヘータ ポスタル |
| 小包 | **paquete** (m) パケーテ |
| 船便 | **por barco** ポル バルコ |
| 航空便 | **por avión** ポル アビオン |
| こわれもの | **frágil** フラヒル |
| 住所 | **dirección** (f) ディレクシオン |

PART 4 すぐに話せる！スペイン旅行重要フレーズ

# 40 Lección 電話

### ショート対話

□ B:（電話の受け手）もしもし。

オラ　　　　ディガメ
-¿Hola? / ¿Dígame?

□ A: アントニオさんをお願いします。

キシエラ　　　アブラール　　コン　　アントニオ
-Quisiera hablar con Antonio.
〜したいのですが　　話す　　　　アントニオさんと

□ B: どちらさまですか。

デ　　パルテ　　デ　　キエン
-¿De parte de quién?
　　　⇒決まった言い方です。覚えておきましょう。

□ A: ミキといいます。同級生です。

ソイ　ミキ　　ウナ　コンパニェラ　　デ　ラ　クラーセ
-Soy Miki, una compañera de la clase.
　　　　　　　　　　仲間　　　　　　　　　クラスの

## 関連表現・事項

### ■電話での呼びかけ，別れの挨拶

● もしもし（かけ手）¿Oiga? [オイガ]　● はいはい（受け手）¿Diga? [ディガ]
● はい，なんでしょうか（受け手）¿Dígame? [ディガメ]
● ありがとうございます。ではさようなら。
　Gracias. Buenos días. [グラシアス ブエノス ディアス] / Buenas tardes. [ブエナス タルデス] / Buenas noches. [ブエナス ノーチェス]
● ではまた Hasta luego. [アスタ ルエゴ] / （親しい友人同士で）Un abrazo. [ウン アブラソ] / Un beso. [ウン ベソ]

## すぐに使えるフレーズ

☐ もしもし，そちらはリッツホテルですか。

オラ　　　エス エル オテル　　リッツ
**Hola, ¿es el Hotel Ritz?**
　　　　　　ですか　　リッツホテル

☐ 135号室をお願いします。

アビタシオン　　　　　シェント トレインタ イ シンコ　ポル　ファボール
**Habitación 135, por favor.**
室

☐ 少しお待ちください。つなぎます。

ウン　モメント　　　　レ　パソ
**Un momento, le paso.**
　　一瞬　　　　　　　回す

☐ サンチェスさんをお願いします。

セ　プエデ　　ポネール　　エル セニョール サンチェス　　ポル　ファボール
**¿Se puede poner el Sr. Sánchez, por favor?**
　　　　　　　つなぐ

☐ サンチェスは外出中です。

サンチェス　　ア　サリード
**Sánchez ha salido.**
　　　　　　　　出かけた

☐ いつ戻りますか。

サベ　　　クアンド　　　ボルベラ
**¿Sabe cuándo volverá?**
知っている いつ　　　　　帰る

PART 4

すぐに話せる！スペイン旅行重要フレーズ

179

□ A: 伝言をお願いできますか。

-¿Puedo dejar un mensaje?
プエド デハール ウン メンサッヘ

残しておく — un recado, una nota とも言います。

□ B: はい，承ります。

-Sí. Dígame.
シィ ディガメ

decir（言う）+ me（私に）が一語になって「私に言ってください」。usted に対する命令形

□ A: マコトから電話があったと伝えてください。

-Dígale que ha llamado Makoto.
ディガレ ケ ア ジャマード マコト

⇒ que 以下のことを彼（彼女）に言ってくださいという命令形。
decir（言う）+ le（彼・彼女に）が1語になった形

□ A: 私に電話するように伝えてください。

-Dígale que me llame.
ディガレ ケ メ ジャーメ

「私に電話するように」の意味。

□ あとで電話します。

Le llamaré más tarde.
レ ジャマレ マス タルデ

llamar の1人称単数未来形

□ ごめんなさい。間違えました。

Perdón. Me he equivocado.
ペルドン メ エ エキボカード

自分が間違えた

180

## ☐ 間違いでは？
セ　ア　エキボカード
**Se ha equivocado.**

## ☐ よく聞こえないのですが。
ノ　セ　オジェ　ビエン
**No se oye bien.**
「人は聞こえる」と主語を特定しない言い方。oyeの原形はoír（聞く）

## ☐ もう一度お願いします。
オトラ　ベス　ポル　ファボール
**Otra vez, por favor.**
　　もう一度

## ☐ 国際電話をかけたいのですが。
キエロ　アセール　ウナ　ジャマーダ　インテルナシオナル
**Quiero hacer una llamada internacional.**
　〜したい　　　　　　　　　　　国際通話

### ■電話用語

| 電話 | **teléfono** (m) テレフォノ |
| 公衆電話 | **teléfono público** (m) テレフォノ　ププリコ |
| 電話帳 | **guía telefónica** (f) ギア　テレフォニカ |
| 市外局番 | **prefijo** (m) プレフィッホ |
| 携帯電話 | **móvil** (m) モビル |
| プリペイド携帯 | **móvil de prepago** (m) モビル　デ　プレパーゴ |
| 国際通話 | **llamada internacional** (f) ジャマーダ　インテルナシオナル |
| 市内通話 | **llamada local** (f) ジャマーダ　ロカル |

PART 4　すぐに話せる！スペイン旅行重要フレーズ

181

# 41 Lección トラブル〈盗難・紛失〉

## ショート対話

□ A: タクシーにバッグを忘れました。
- He olvidado mi bolso en el taxi.

□ B: どんなバッグですか。
- ¿Cómo es el bolso?

□ A: 黒い革のバッグです。
- Un bolso negro de piel.

□ A: 名札が付いています。
- Lleva mi nombre.

### 関連表現・事項

■犯人を形容する

「背の高い男でした」 **Un hombre alto.**
「男二人連れでした」 **Dos hombres.**
「男と女でした」 **Un hombre y una mujer.**
「4〜5人のグループでした」 **Un grupo de cuatro o cinco personas.**

## すぐに使えるフレーズ

☐ A: 困っています。

エストイ　エン　ウン　アプーロ
**-Estoy en un apuro.**
　　　　　　　　　苦境

☐ B: どうしたのですか。

ケ　　レ　　パサ
**-¿Qué le pasa?**
何が　あなたに　起きた

☐ A: 財布を盗まれました。

メ　アン　ロバード　　ラ　カルテーラ
**-Me han robado la cartera.**
　　　盗まれました　　　　　　財布

☐ 盗難証明書を発行してください。

アガメ　　エル セルティフィカード　デ　ロボ
**Hágame el certificado de robo.**
発行してください　　　　　　　盗難証明書

☐ 日本大使館はどこにありますか。

ドンデ　エスタ　ラ　エンバハーダ　デ　ハポン
**¿Dónde está la embajada de Japón?**
どこですか　　　　　　　　　　日本大使館

☐ 警察に電話してください。

ジャメ　ア　ラ　ポリシーア　ポル　ファボール
**Llame a la policía, por favor.**
　　　　　　救急車なら ambulancia

□ 警察署はどこですか。

ドンデ　　　エスタ　ラ　コミサリーア
**¿Dónde está la comisaría?**
〜はどこですか　　　　　警察署

□ クレジットカードをなくしました。

エ　ペルディード　　ラ　タルヘータ　デ　クレディト
**He perdido la tarjeta de crédito.**
紛失しました　　　　　　　　クレジットカード

□ カードを無効にしてください。

ポドリーア　　アヌラール　ラ　タルヘータ　　ポル　ファボール
**¿Podría anular la tarjeta, por favor?**
〜してください　　無効にする　カード　　　　　お願いします

## 【助けを求める】

□ 助けて！

ソコーロ
**¡Socorro!**

□ 危ない！

アウクシーリオ
**¡Auxilio!**

□ 気をつけて

クイダード
**¡Cuidado!**

□ どろぼう！

ラドロン
**¡Ladrón!**

□ やめて！

デハメ
**¡Déjame!**

□ 火事だ！

フエゴ
**¡Fuego!**

## ■トラブル

|  |  |
|---|---|
| バッグ | **bolso** (m) ボルソ |
| スーツケース | **maleta** (f) マレータ |
| お金 | **dinero** (m) ディネロ |
| 財布 | **cartera** (f) カルテーラ |
| パスポート | **pasaporte** (m) パサポルテ |
| クレジットカード | **tarjeta de crédito** タルヘータ デ クレディト |
| デジタルカメラ | **cámara digital** (f) カマラ ディヒタル |
| 警察 | **policía** (f) ポリシーア |
| 警察官 | **agente de policía** アヘンテ デ ポリシーア |
| 警察署 | **comisaría** (f) コミサリーア |
| 救急車 | **ambulancia** (f) アンブランシア |
| 保険 | **seguro** (m) セグーロ |
| 泥棒 | **robo** (m) ロボ |
| 泥棒（人） | **ladrón (-rona)** ラドロン ロナ |
| すり・置き引き | **ratero (-ra)** ラテーロ ラ |
| 事故 | **accidente** (m) アクシデンテ |
| 交通事故 | **accidente de tráfico** (m) アクシデンテ デ トラフィコ |
| 地震 | **terremoto** (m) テレモート |
| 洪水 | **inundación** (f) イヌンダシオン |
| 暴風雨 | **tormenta** (f) トルメンタ |
| テロ | **atentado** (m) アテンタード |

PART 4

すぐに話せる！スペイン旅行重要フレーズ

# 42 Lección 病気・診察・薬局

## ショート対話

□ A: どうなさったのですか。

クアル　エス ス　プロブレマ
-¿Cuál es su problema?
　何　　　　あなたの　問題

□ B: 胃が痛いのですが。

メ　　ドゥエレ　エル エストマゴ
-Me duele el estómago.
　　私は痛い　　　　胃

□ A: どこが痛みますか。

ドンデ　　　レ　ドゥエレ
-¿Dónde le duele?
　どこ　　　あなたは痛い

□ B: ここが痛いんです。

メ　　ドゥエレ　アキ
-Me duele aquí.
　　　　　　　　ここ

### ■身体各部の名称

| | | | | | |
|---|---|---|---|---|---|
| 頭 | **cabeza** (f) カベーサ | 腕 | **brazo** (m) ブラーソ | 腰 | **cadera** (f) カデーラ |
| 首 | **cuello** (m) クエジョ | 手 | **mano** (f) マノ | 腹 | **vientre** (m) ビエントレ |
| のど | **garganta** (f) ガルガンタ | 指 | **dedo** (m) デド | 脚 | **pierna** (f) ピエルナ |
| 肩 | **hombro** (m) オンブロ | 背中 | **espalda** (f) エスパルダ | 足 | **pie** (m) ピエ |

関連表現・事項

## すぐに使えるフレーズ

☐ この近くに病院はありますか。

アイ　　アルグン　　オスピタル　　セルカ　　デ　アキ
**¿Hay algún hospital cerca de aquí?**
　～はありますか　　病院　　　　　　　この近くに

☐ 病院に連れて行ってもらえますか。

ポドリーア　　ジェバールメ　　アル オスピタル
**¿Podría llevarme al hospital?**
　　　　　　私を連れて行く　　病院へ

☐ 救急車を呼んでください。

ジャーメ　ウナ　アンブラレシア　　ポル　ファボール
**Llame una ambulancia, por favor.**
　呼ぶ　　　　救急車を

☐ 医師を呼んでください。

ポル　ファボール ジャメ　ア ウン メディコ
**Por favor llame a un médico.**
　　　　　　　　呼ぶ　　　　医師

☐ 予約してありませんが，診察していただきたいのです。

ノ　　テンゴ　　シタ　　ペロ　　デセオ　　コンスルタール　ア
**No tengo cita, pero deseo consultar a**
　　持つ　　約束　　しかし　　相談したい

ウン メディコ
**un médico.**
　　医師

☐ 日本語のわかる医師はいますか。

アブラ　　ハポネス　　アルグン　　メディコ
**¿Habla japonés algún médico?**
　話す　　日本語　　　　何らかの医師

PART 4 すぐに話せる！スペイン旅行重要フレーズ

187

## CD 71

- □ 熱があります。

  テンゴ　　　フィエーブレ
  **Tengo fiebre.**　⇒症状を訴える時の表現。下の「症状を訴える」参照
  持つ　　　熱

- □ 脚をけがしました。

  メ　エ　エチョ　　ウナ　　エリーダ　　エン ラ ピエルナ
  **Me he hecho una herida en la pierna.**
  　　　　　　　　　　　けが　　　　　　脚に

- □ ペニシリンにアレルギーがあります。

  ソイ　　アレルヒカ　　ア　　ペニシリーナ
  **Soy alérgica a la penicilina.**　抗生物質ならば los antibióticos
  alérgica a... で「〜のアレルギー」, 男性形は alérgico

- □ 私の血液型はA型です。

  ミ　ティポ　デ　サングレ　エス ア
  **Mi tipo de sangre es A.**
  grupo sanguíneo ともいう

### ■症状を訴える

**Tengo**［テンゴ］＋以下の症状で, どういう状態かを説明できます。

| 下痢 | **diarrea** (f) ディアレア | 咳 | **tos** (m) トス |
| 寒気 | **escalofrío** (m) エスカロフリーオ | 吐き気 | **náusea** (f) ナウセア |
| 目まい | **mareo** (m) マレーオ | かゆみ | **picor** (m) ピコール |

## ☐ 頭が痛いのですが。

テンゴ　ドロール　デ　カベーサ
**Tengo dolor de cabeza.**
持っている　　　頭の痛みを

メ　ドゥエレ　ラ　カベーサ
**Me duele la cabeza.**
私は～が痛い　　　頭

⇒「～が痛い」はこのように2種類の言い方で表現できます。
**Tengo dolor de...**
**Me duele...**
動詞 **duele** の原形は **doler** で動詞 **gustar** の仲間です。

## ☐ 奥歯が痛いのですが。

メ　ドゥエレン　ラス　ムエラス
**Me duelen las muelas**
　　　　　　　　　　臼歯

「奥歯が私に痛い」→「私は奥歯が痛い」。主語 muelas が複数形なので duelen

## ☐ 診断書をください。

ウン　セルティフィカード　メディコ　ポル　ファボール
**Un certificado médico, por favor.**
　　　　　診断書

### ■様々な痛みの種類

ずっと痛みます　　**Un dolor continuo.**
　　　　　　　　　ウン　ドロール　コンティヌオ

断続的に痛みます　**Un dolor intermitente.**
　　　　　　　　　ウン　ドロール　インテルミテンテ

にぶい痛みです　　**Un dolor sordo.**
　　　　　　　　　ウン　ドロール　ソルド

ずきずきします　　**Un dolor punzante.**
　　　　　　　　　ウン　ドロール　プンサンテ

- 最寄りの薬局はどこですか。

　　　　ドンデ　　　エスタ　ラ　ファルマシア　　マス　　セルカーナ
　**¿Dónde está la farmacia más cercana?**
　　　　　　　　　　　　　　薬局　　　　　　　より近い

- この処方箋の薬をください。

　　テンゴ　　　エスタ　　レセータ
　**Tengo esta receta.**
　　持つ　　　　この処方箋．

- 風邪薬が欲しいのですが。

　　キエロ　　　ウナ　　メディシーナ　　パラ　　エル レスフリアード
　**Quiero una medicina para el resfriado.**
　　ほしい　　　　　　　薬　　　　　　　　風邪のための

- 毎回2錠，飲んでください。

　　トメ　　　ドス　　パスティージャス カダ　　ベス
　**Tome dos pastillas cada vez.**
　　飲みなさい　　　　錠剤　　　　　　毎回

　　vez は「回」。
　　1回なら una vez
　　2回なら dos veces

- 一日2回，朝と夜です。

　　ドス　　ベセス　　アル ディア　マニャーナ　　イ　ノチェ
　**Dos veces al día, mañana y noche.**
　　2回　　　　　1日に　　　朝　　　　　　夜

- 一日3回，食後です。

　　トレス　　ベセス　　アル ディア　デスプエス　　デ　　ラス　コミーダス
　**Tres veces al día, después de las comidas.**
　　3回　　　　　1日に　　　　　　　　食事のあとで

## ■病気・診察・薬局

|  |  |  |  |
|---|---|---|---|
| 医師 | **médico (-ca)** メディコ（カ） | 錠剤 | **pastilla** (f) パスティジャ |
| 看護師 | **enfermero (-ra)** エンフェルメーロ（ラ） | カプセル | **cápsula** (f) カプスラ |
| 薬剤師 | **farmacéutico (-ca)** ファルマセウティコ（カ） | シロップ | **jarabe** (m) ハラーベ |
| 病院 | **hospital** (m) オスピタル | 目薬 | **gotas** (f,pl) ゴタス |
| 医院 | **clínica** (f) クリニカ | レントゲン | **radiografía** (f) ラディオグラフィーア |
| 救急センター | **urgencias** ウルヘンシアス | 手術 | **operación** (f) オペラシオン |
| 薬局 | **farmacia** (f) ファルマシア | 高血圧 | **presión alta** (f) プレシオン アルタ |
| 体温 | **temperatura del cuerpo** テンペラトゥラ デル クエルポ | 低血圧 | **presión baja** (f) プレシオン バハ |
| 熱 | **fiebre** (f) フィエブレ | 風邪 | **catarro** (m) カターロ |
| アレルギー | **alergia** (f) アレルヒア | インフルエンザ | **gripe** (m) グリーペ |
| 注射 | **inyección** (f) インジェクシオン | 肺炎 | **pulmonía** (f) プルモニーア |
| 点滴 | **gota a gota** (m) ゴタ ア ゴタ | 下痢 | **diarrea** (f) ディアレーア |
| 薬 | **medicina** (f) メディシーナ | 貧血 | **anemia** (f) アネミア |
| 処方箋 | **receta** (f) レセータ | 糖尿病 | **diabetes** (f) ディアベーテス |
| | | 盲腸炎 | **apendicitis** (f) アペンディシーティス |

PART 4 すぐに話せる！スペイン旅行重要フレーズ

| | |
|---|---|
| ブックデザイン | 大郷有紀（ブレイン） |
| 編集協力 | 井戸光子，F・ハビエル・デ・エステバン・バケダーノ |
| 編集担当 | 斎藤俊樹（三修社） |

## CD付
## バッチリ話せるスペイン語

2009年9月20日　第1刷発行

監修者 ——— 新田恵子

発行者 ——— 前田俊秀
発行所 ——— 株式会社三修社
　　　　　〒150-0001　東京都渋谷区神宮前 2-2-22
　　　　　TEL 03-3405-4511　FAX 03-3405-4522
　　　　　振替 00190-9-72758
　　　　　http://www.sanshusha.co.jp/

印刷製本 ——— 壮光舎印刷株式会社
ＣＤ制作 ——— 三研メディアプロダクト 株式会社

©2009 Printed in Japan
ISBN978-4-384-04251-1 C1087

〈日本複写権センター委託出版物〉
本書を無断で複写複製（コピー）することは，著作権法上の例外を除き，禁じられています。本書をコピーされる場合は，事前に日本複写権センター（JRRC）の許諾を受けてください。
JRRC〈http://www.jrrc.or.jp　email:info@jrrc.or.jp　Tel:03-3401-2382〉